朱熹家教经典选注

周元侠◎译注

江西人民出版社
Jiangxi People's Publishing House
全国百佳出版社

图书在版编目（CIP）数据

朱熹家教经典选注 / 周元侠译注 . -- 南昌：江西
人民出版社，2024.10. -- ISBN 978-7-210-15684-0

Ⅰ . B244.75；G78

中国国家版本馆 CIP 数据核字第 2024GJ8633 号

朱熹家教经典选注
ZHUXI JIAJIAO JINGDIAN XUANZHU

周元侠　译注

责 任 编 辑：李鉴和
封 面 设 计：回归线视觉传达

 出版发行

地　　　　址：江西省南昌市三经路 47 号附 1 号（邮编：330006）
网　　　　址：www.jxpph.com
电 子 信 箱：jxpph@tom.com
编辑部电话：0791-86892125
发行部电话：0791-86898815
承　 印　 厂：南昌市红星印刷有限公司
经　　　　销：各地新华书店

开　　　本：720 毫米 × 1000 毫米　　1/16
印　　　张：10.5
字　　　数：150 千字
版　　　次：2024 年 10 月第 1 版
印　　　次：2024 年 10 月第 1 次印刷
书　　　号：ISBN 978-7-210-15684-0
定　　　价：49.00 元
赣版权登字 –01-2024-536

自　序

朱熹是宋代理学的集大成者，他一生著述丰富，不仅合编并注释"四书"，而且注释《易》《诗》《礼》，编纂《楚辞集注》《韩文考异》等。朱熹一生为官时间只有九年，他将主要精力用在著书立说、教书育人上。他一生兴建寒泉精舍、武夷精舍、竹林精舍，修复白鹿洞书院、岳麓书院等，制定《白鹿洞书院学规》，为后世书院教育提供了蓝本；他还制定《家礼》，增损《吕氏乡约》，为普通民众日常礼仪提供了文本根据。他在家庭教育方面的著述对后世影响也非常大，除《童蒙须知》《小学》等专著外，在《晦庵先生朱文公文集》中，还有影响广泛的诗、箴、铭、书、家训、家政、读书法等。

《童蒙须知》《小学》等蒙学著述在学界受到广泛关注，相关译注陆续出版，但元明清时期的蒙学著述以及性理学专著中对朱熹的很多诗、铭、语录等也很重视，目前学界对此则关注较少。因此本书借鉴南宋《性理群书句解》、明代《性理大全》、清代《养正类编》和《五种遗规》，对照上海古籍出版社、安徽教育出版社出版的《朱子全书》，节选朱熹有关家庭教育思想的不同文体的著述进行注释、翻译。全书分七章，第一、二章是后世理学家普遍用于蒙学著述的常见文体，即诗、赞、箴、铭、训。第三、四章收录朱熹《文集》中家训、家政以及相关书信，体现了朱熹的家庭教育以及家风建设的理念，朱熹与至亲好友的书信尤其能够体现朱熹日常生活中幽默、和蔼的长者风范。第五、六、七章分别对《童蒙须知》《小学》《读书法》进行注译，其中《童蒙须知》全文照录，《小学》依照全文结构节选注译，《读书法》选择《遗集》中的全文注译。前四章言语简约，朗朗上口，但意涵相对隐晦，借助于后三章相对详细的文字，读者可以加深对前四章的理解。

本书对节选内容的注译主要分为三个方面：每章先对节选的内容做一总括性说明，就每节来讲，先对本节内容进行导读，包括文本的写作背景、内容含义、历史影响等，然后抄录原文，对疑难字词进行注释，最后对原文进行翻译。译注力求将文字本意解释清楚，帮助读者理解文义，考虑到本书是以蒙学、家庭教育为目标，所以翻译时较少牵涉理学义理层含义。本书有助于读者从多角度了解朱熹的家庭教育理念和方法，也在一定程度上推动朱熹的理学思想在现代社会的家庭教育以及家风建设中焕发出新的生机，为中华优秀传统文化在现代社会的创造性转化与创新性发展添砖加瓦。由于时间仓促，朱熹著述繁多，前四章可资借鉴的资料不多，再加上笔者水平有限，注译中难免存在差错，请各位专家和读者批评指正。

目　录

第一章　诗

朱熹是文学素养很高的理学家，他能诗能文，亦不像周敦颐、二程、张载那样轻视文学，认为作文是玩物丧志。正如莫砺锋指出：“宋代的理学大师中，朱熹对文学表示出最大的容忍乃至喜爱。”① 这与朱熹的成长环境不无关系，朱熹的父亲、老师都是著名诗人，在当时的诗界享有盛名。朱熹的父亲朱松对诗歌有很深的造诣，是新安“星溪十友”的成员之一。朱熹的老师刘子翚是南宋初江西学派走向衰微和尤（袤）陆（游）范（成大）杨（万里）崛起之前的大家，所以朱熹的诗也非常出色。他在四十一岁时，被胡铨以诗人名义推荐入朝，在朱熹的友人当中，陆游、尤袤、辛弃疾、杨万里、周必大等都以文学著称。朱熹本人并不轻视文学，而且在文学创作、文学批评、文学理论、文学诠释等方面都卓有建树。然而，由于朱熹的理学成就太过耀眼，他的文学成就被理学家的赫赫声名所遮掩。

朱熹《文集》一至十卷都是诗，留下的诗歌有一千多首。朱熹的诗有写景诗、咏物诗、抒情诗、禅诗、理学诗、乐府诗等。其中写景诗如《奉同张敬夫城南二十咏》《云谷二十六咏》《云谷杂诗十二首》《武夷七咏》《奉同尤延之提举庐山杂咏十四篇》《武夷精舍杂咏》等，咏物的有《次刘秀野蔬食十三诗韵》，著名理学诗如《斋居感兴二十首》以及九十九首《训蒙绝句》。朱熹的很多诗兼具理学和文学色彩，比如《武夷棹歌》，既是

---

① 莫砺锋：《朱熹文学研究》，南京大学出版社 2000 年版，《前言》第 6 页。

对武夷山九曲溪景色的描绘，又具有修养工夫的内涵，元人陈普说："朱文公九曲，纯是一条进道次序。"被收录《千家诗》中的《春日》《秋月》《观书有感二首》都是对自然景观的描写，同时也被看作是朱熹为学、求道过程中的体悟。当朱熹理学成为官方意识形态，与科举制度结合之后，在朱子后学有意无意的思想诠释和形象建构中，朱熹思想中的文学部分愈来愈受到挤压，更加被看重、被宣扬的是其理学思想。毫无疑问，朱熹大部分诗兼具文学和理学思想双重价值。

本章节选《千家诗》中的四首诗以及描写武夷山九曲溪的《九曲棹歌》进行注释和翻译。

第一节 《千家诗》中的四首诗

【导读】

《千家诗》最早由元代谢枋得所编。谢枋（bǐng）得（1226—1289），字君直，号叠山，别号依斋，信州弋阳（今江西省上饶市弋阳县）人，他是元代朱子学派的代表，宝祐四年（1256）与文天祥同举进士。曾参加抗元斗争，宋亡，居闽中。至元二十三年（1286）福建行省参政魏天祐强之北行，至大都，不食而死，留下《叠山集》。《千家诗》所选诗歌大多是唐宋时期的名家名篇，题材多样，易学好懂。这些诗除了充满诗意的文学色彩外，还具有符合理学家价值观的思想性、儒家人生观的审美意境。

《千家诗》选了朱熹的四首诗，分别是《春日》《秋月》《观书有感二首》。《春日》见于《朱子全书》第一册，《晦庵先生朱文公文集》卷二。它既是游赏之作，又是一首哲理诗，是用诗人探寻春天以及春天的勃勃生机来说明一个道理：只要进了孔圣之门，懂得了儒家真谛，就能领略到无限生机。《春日》诗中没有一字一句说理，但它所蕴含的理见于描写和叙述之中，莫砺锋说它"堪称宋代理趣诗中的上品"①。《秋月》见于《文集》卷二，是《入瑞岩道间得四绝句呈彦集充父二兄》之第三首。诗借物喻人，通过描绘秋月的玲珑皎洁、秋空的明朗，表现诗人超脱凡俗的人生境界。全诗风味简淡，意蕴深远，回味无穷。《观书有感二首》见于《文集》卷二，这两首诗写出了朱熹读书顿悟后的喜悦之情，它们都是不露痕迹的理学诗。在《观书有感二首》中，诗人向读者展示了两幅生动的图像：一是一塘清水，像明镜一样倒映着蓝天白云。"共徘徊"意谓轻微地移动，此或为天上云行，或为塘中水流，但水面仍相当平静。二是江中巨舰，顺流而行，仿佛一根鸿毛漂浮在水面上。写景之后即是说理，但又无一字直接议论，只是用叙事手法来暗示：方塘仅有半亩，面积很小，贮水也不会太多，这样的水似乎更易于变得浑浊。然而它竟然是如此清澈！原因是什么呢？原来它有活水不断地注入！同样，重于丘山的艨艟巨舰昨日搁在江边，费尽力气也推不动它，而一夜之间，春水猛涨，它就自由自在地漂浮在江中了。这四首诗广为流传，深受后人重视，理学家爱它的理学内涵，文学家爱它的文学性。这四首诗体现了理学家写诗不仅仅是单纯写景或咏物，他们并不限于欣赏自然之美，还注重从自然景物中领悟生命的意义，并进而体认宇宙的道理。莫砺锋认为，只有当诗歌仅仅通过审美所产生的感染力而使读者自行领悟到其中所蕴含的奥妙哲理，而丝毫不诉诸逻辑上的演绎、推理，这样的诗才算得上成功的理趣诗。②朱熹的四首诗正是这种理趣诗的代表。

---

① 莫砺锋：《朱熹文学研究》，南京大学出版社2000年版，第58页。
② 莫砺锋：《朱熹文学研究》，南京大学出版社2000年版，第56页。

春　日

胜日①寻芳②泗水③滨，无边光景一时新。等闲④识得东风⑤面，万紫千红总是春。

【注释】

① 胜日：原指节日或者亲朋相聚的日子，这里指天气晴朗的日子。

② 寻芳：看花观景。

③ 泗水：在今山东省中部，源于泗水县东部陪尾山下，由趵突、响水、洗钵、红石四大泉汇流而成，与运河相通，因四源并发而名。因为孔子曾在洙水、泗水聚徒讲学，所以后世用"洙泗"代指儒家。这首诗中的泗水不是指真正的泗水，因为南宋时山东已经是金国的领土，朱熹没有到过山东。

④ 等闲：寻常、随便、到处。

⑤ 东风：春风，此指春天。

【译文】

在一个晴朗的日子，我一路看花观景，来到泗水河边，无尽的美景在春天里都呈现出崭新的面貌。到处都可以领略到春风的吹拂和春天的热情，因为色彩缤纷的花朵都是春天哪。

秋　月

清溪流过碧山头，空水①澄鲜②一色秋。隔断红尘③三十里，白云黄叶④共悠悠⑤。

【注释】

① 空水：清澈透明的水。

②澄鲜：明净清亮。谢灵运在《登江中孤屿》中云："云日相辉映，江水共澄鲜。"

③红尘：飞扬的尘土，形容繁华热闹，佛家道家称人世为红尘。

④黄叶：落叶。一作"红叶"。

⑤悠悠：安闲静止貌。王勃《滕王阁诗》有"闲云潭影日悠悠，物换星移几度秋"。

【译文】

在秋月的照映之下，清澈的溪水流过碧绿的山头，水像秋天的晴空一样明净清亮。这幅场景仿佛世俗世界被隔绝在三十里之外，天上的白云和秋天的落叶都是一副悠闲自在的模样。

观书有感二首

半亩方塘①一鉴开②，天光云影共徘徊③。问渠④那得⑤清如许⑥，为⑦有源头活水⑧来。

【注释】

①方塘：水塘。关于方塘的具体地点存在很多争议，诗人所写未必是真实的方塘，或许它只是像泗水那样采用了借代手法。

②鉴：镜子。开：打开，古代镜子上覆镜袱，用时打开。

③徘徊：来回移动。

④渠：第三人称代词，它，指池塘。

⑤那得：那，通"哪"，那得：怎么能够。

⑥清如许：如此清澈。

⑦为：因为。

⑧活水：流动的水。

【译文】

半亩方形的池塘像明亮的镜子一样展开在面前，天上云彩的倒影在水中移来移去。问它怎么能那么清澈呢？因为它的源头是流动的活水呀。

昨夜江边春水生，艨艟①巨舰一毛轻②。向来③枉费④推移力，此日中流⑤自在⑥行。

【注释】

① 艨艟（méng chōng）：古代的一种战船。

② 一毛轻：像一片羽毛一样轻。

③ 向来：一向，历来。

④ 枉费：徒费，白费。

⑤ 中流：河流之中。

⑥ 自在：悠闲自在。

【译文】

昨夜江水涨了很多，江中的大船行走起来就像一片羽毛一样轻快。从来都是白费力气地推动它，今天因为江水够深的缘故，这条大船不用推就能在河流当中悠闲自在地航行。

第二节　《武夷棹歌》十首

【导读】

《武夷棹歌》亦称《九曲棹歌》，是朱熹山水诗中最著名的、历代唱和最多的一组诗。郭沫若在游武夷时说："九曲清流绕武夷，棹歌首唱自朱熹。"《武夷棹歌》在《朱子全书》第二十册,《晦庵先生朱文公文集》卷九,前有小序："淳熙甲辰中春，精舍闲居戏作《武夷棹歌》十首，呈诸同游相与一笑。"《九曲棹歌》由十首诗组成,描绘了从一曲到九曲的武夷盛景。"棹"又作"櫂"，即船桨，棹歌就是舟子渔夫所唱的歌。朱熹这首用民间乐歌形式写的《九曲棹歌》，是描绘武夷山九曲溪的一幅长卷佳作,同时它也具有哲理诗的意蕴。

朱熹的《九曲棹歌》的次序是乘坐上水船逆流而数的，游武夷山九曲溪如果坐竹筏逆流而行，危险性较大，所以现在游九曲是从星村渡的平川开始，顺流而下，从九曲到一曲，与朱熹所歌咏的次序正好相反。第一首是总序，引出武夷山、九曲溪、渔夫的形象，接着从一曲到九曲按顺序歌咏山水自然景观。一曲是晴川和幔亭峰，二曲是临水插花的玉女峰，三曲是小藏峰上的架壑船，四曲是卧龙潭、东西的大藏峰、仙钓岩及金鸡洞，五曲是平林渡及诸峰，六曲是绕碧湾的苍屏峰，七曲由碧滩回望隐屏峰和仙掌峰，八曲是绿水潆洄的鼓楼岩，九曲是豁然开朗的平川。《九曲棹歌》不仅是写景诗，还是理学家所欣赏的"进道之诗"，写出了学者为学求道的曲折过程。一曲是说在寻求真理的道路上烟雾弥漫，充满了迷茫和艰难。二曲告诫学者不要被外在的声色货利所迷惑,要保持奋发向上的精神。三曲感叹生命之短暂，年华易老，在求道之路上要珍惜时光。四曲是说学者的孤独可以在自然风光中得到安慰。五曲继续言说在自然山水中领悟到人生的真谛。六曲告诫学者的求道之旅要克服急躁，保持平和的心态。七曲告诫学者不要忘了回头看，去寻找别样的风景和感受。八曲描写学者求道之旅的艰难，勉励学者努力才会有灿烂的未来。九曲描写到达终点之后豁然开朗的喜悦、从容的心情。

相较于另一首深受理学家推崇的《斋居感兴诗二十首》，同样讲理学思想,《武夷棹歌》多了一层活泼生动的景物描写，在后代受到很多诗人的喜爱，唱和之作举不胜举，作《棹歌和韵》的诗人有刘信、王复礼、董天工等，作《棹歌十首》的有白玉蟾、余熹宾、邱云霄等。《九曲棹歌》因其活泼的民间诗歌形式、美丽的自然景物描写以及丰富深刻的哲理，深受朝鲜理学家的喜爱，被誉为"海东朱子"的李退溪为之神萦梦绕。李退溪虽不能亲临武夷山，但一直珍藏着《武夷志》和《九曲图》，终日赏玩不已。在《李仲久家藏〈武夷九曲图〉跋》中，李退溪赞美武夷九曲"满目烟云，精妙曲尽，耳边恍若闻棹歌"。他还仿照《九曲棹歌》写了《陶山十二曲》《戏作七台三曲诗》，还有和诗《闲居读武夷志次九曲棹歌韵十首》，还为《武夷棹歌》作注。由此可见，朝鲜理学家对《武夷棹歌》的思想价值、文学艺术价值的重视。

一

武夷山上有仙灵，山下寒流曲曲清。欲识个中奇绝处，棹歌闲听两三声。①

【注释】

① 开头是一首小引，交代作歌的原因。这实际上是序诗，引出对武夷奇绝处的吟唱。

【译文】

武夷山上有神仙，山下冰凉的溪水每一段都是那么清澈。要想知道其中的绝妙之处，不妨听一下九曲溪的民间棹歌。

二

一曲溪边上钓船，幔亭峰①影蘸②晴川。虹桥一断无消息③，万壑千岩锁翠烟。

【注释】

①慢亭：一曲溪北是大王峰，也叫天柱峰。大王峰的左侧有慢亭峰，在峭壁上刻有"慢亭"二字。慢亭峰就是神话故事中武夷君宴请乡人的地方，也就是"慢亭招宴"的所在地。

②蘸（zhàn）：浸入，浸没。

③虹桥一断无消息：传说宴会的当天，虹桥架空，群仙驾临，祥云缭绕，仙乐悠扬，轻歌曼舞，飞觞劝饮。乡人顶礼膜拜之余，亦皆开怀畅饮。宴罢乡人归，风雨骤至，虹桥飞断，神迹杳然。传说自从虹桥飞断之后神仙就不再光临此地了。

【译文】

在一曲溪上了船，看到慢亭峰的影子浸没在晴天的溪流中。自从仙人搭乘的虹桥断掉之后，就再没有仙人来临，只有千千万万的峰峦山谷隐没在翠绿的烟雾之中。

三

二曲亭亭玉女峰①，插花临水为谁容？道人②不复阳台梦③，兴④入前山翠几重。

【注释】

①玉女峰：二曲溪口正对着玉女峰。玉女峰突兀拔空，整座山峰像束髻簪花的少女，岩壁缝痕似衣裙皱褶。民间传说玉女隔溪与一曲之畔的大王（大王峰的象征）苦恋，朱熹的二曲之歌即咏此。

②道人：炼丹服药、修道求仙之士。

③阳台梦：指男女欢会。李存勖《阳台梦》词云："楚天云雨却相和，又入阳台梦。"

④ 兴（xìng）：兴冲冲，兴致勃勃。

【译文】

二曲溪口对面是亭亭玉立的玉女峰，玉女峰就像一位漂亮的仙女，戴着簪花正在水边照镜子，不知她是为了谁而梳妆打扮？道士对男女之事毫不关心，一心只去前面茂密翠绿的山林之中求道。

四

三曲君看架壑船①，不知停棹几何年。桑田海水今如许，泡沫风灯②敢自怜。

【注释】

① 架壑（hè）船：指三曲小藏峰的架壑船。小藏峰又名仙船岩，在峻峭的岩壁隙洞间，有船形的木制古遗物，传说那是仙人得道后所遗下的木舟，舟中藏有遗骨，称作"遗蜕"。

② 泡沫风灯：风灯指有罩能防风的灯，泡沫风灯比喻人生短促。《艺文类聚》卷七十八徐陵《徐则法师碑》云："假矣生民，何其天脆，譬彼风灯，同诸泡沫。"又苏轼《孙莘老求墨妙亭诗》："后来视今犹视昔，过眼百世如风灯。"

【译文】

来到三曲溪，请你看一看小藏峰的架壑船，不知已经停放了多少年。沧海变成了桑田，风灯化作了泡沫，消失得无影无踪，只剩下一声哀叹。

五

四曲东西两石岩①，岩花垂露碧毵毵②。金鸡③叫罢无人见，月满空山水满潭^④。

【注释】

① 两石岩：指大藏峰和仙钓台。

② 氃毵（lán sān）：毛羽散垂之状，这里比喻岩石上的花朵枝叶散落低垂下来的样子。

③ 金鸡：大藏峰壁有金鸡洞，传说武夷金鸡为世人司晨。

④ 潭：指大藏峰下的卧龙潭。

【译文】

四曲溪东西分别是大藏峰和仙钓台，岩石上的花瓣带着朝露，青绿的植被就像是长长的头发垂下来。金鸡洞内的金鸡叫过之后，再也没人看见过它，只看见月下的空山以及卧龙潭中的清水。

六

五曲山高^①云气深，长时烟雨暗平林。林间有客无人识，欸乃^②声中万古心。

【注释】

① 山高：指隐屏峰，朱熹在五曲溪畔建造了武夷精舍，精舍后便是隐屏峰。

② 欸乃（ǎi nǎi）：行船摇橹声。

【译文】

五曲溪边的隐屏峰峰峦挺拔，云雾浓重，长期的烟雾缭绕使得森林阴暗。森林中有客人来也无人认识，船夫的摇橹声勾起了我内心的千古情怀。

七

六曲苍屏①绕碧湾，茅茨②终日掩柴关。客来倚棹岩花落，猿鸟不惊春意闲。

【注释】

① 苍屏：六曲溪北是仙掌峰，又叫晒布岩。

② 茅茨（máo cí）：茅草覆盖的屋顶。

【译文】

六曲溪前面的仙掌峰就像一道屏风绕过碧绿的溪水，简陋的茅草屋终日虚掩柴门。客人来到此地，船家收好船桨，岩石上的花朵悄无声息地落下来，这一切都没有惊扰到山间的猿猴和飞鸟，真是一派悠闲清静的春光！

八

七曲移舟上碧滩①，隐屏仙掌更回看。人言此处无佳境，只有石堂空翠寒。（此诗后二句，一本作："却怜昨夜峰头②雨，添得飞泉几道寒。"）

【注释】

① 碧滩：指獭控滩，它的后面正好是隐屏、仙掌两峰，所以说"回看"。

② 峰头：指七曲的北面是三仰峰，又称三迭峰，海拔700多米，三峰相叠，面背东向，雄姿巍然。

【译文】

从七曲溪往前就到了獭控滩，回望隐屏峰、仙掌峰。有人说此处没有好的景致，只有空空的石堂与翠木寒水相伴。（另一说：惊喜地发现昨夜三仰峰下雨，增添了几道凌空飞洒下来的山泉，带来丝丝寒意。）

九

八曲风烟势欲开，鼓楼岩下水潆洄①。莫言此处无佳景，自是游人不上来。

【注释】

① 潆洄（yíng huí）：水流回旋貌。

【译文】

八曲溪滩高水急，疾风浓烟气势大开，鼓楼岩下水流回旋。不要说此地没有美景，只是游人没有上来看罢了。

十

九曲将穷眼豁然①，桑麻雨露见平川②。渔郎更觅桃源路，除是人间别有天。

【注释】

① 豁然：开阔貌。

② 平川：指九曲尽头星村一带。这一带一马平川，桑麻蔽野，又有良田美池，屋舍俨然，鸡犬之声相闻，全然是桃源景象。

【译文】

来到九曲溪的尽头，猛然看到一片开阔的平地，种满了桑麻。如果有渔郎前来寻找桃花源头，那他一定会发现这里还有一片不同于现实人间的世外桃源。

第二章 赞 箴 铭 训

　　赞、箴、铭、训都是理学著作普遍使用的文体,《文心雕龙》对赞、箴、铭都有专门论述。所谓赞,"赞者,明也,助也"。赞大致不出乎三种意图:一是赞美,也包括贬斥;二是说明或总结;三是辅助或补充。"赞"的写法有其固定的形式,正所谓"促而不广,必结言于四字之句,盘桓乎数韵之辞,约举以尽情,昭灼以送文"。也就是说,赞这种文体都不能长,一定用四字组成句子,回绕在几个韵脚里,简约地叙尽情事,明白清晰地结束。所谓箴,"箴者,针也,所以攻疾防患,喻针石也"。所谓铭,"铭者,名也,观器必也正名,审用贵乎盛德"。箴和铭有相似之处,"箴诵于官,铭题于器,名目虽异,而警戒实同。箴全御过,故文资确切;铭兼褒赞,故体贵弘润:其取事也必核以辨,其摘文也简而深"。也就是说,箴是官员对君王朗诵的,铭是题在器物上的,名称虽然不同,但它们都具有警诫意义。箴完全是用来抵制过失的,故文词依靠准确切实;铭兼具褒奖赞美,所以体制重在宏大润泽:引用事例一定核实和辨明,文字一定要简练而深刻。简言之,赞、箴、铭都是言辞简约、内涵丰富的文体,所以理学家非常喜欢使用这些文体督促、辅助自己的德性修养。"训"在《文心雕龙》中没有提及,但《性理群书》将之看作与戒、箴、规同类,熊节曰:"训,有诲之义。"朱熹所作《幼学训》,与其《童蒙须知》内容相似,只是形式更加简约。故此处将训与赞、箴、铭合为一章,以展示理学体系中家庭教育、蒙学教育的形式多样化。赞、箴、铭所选内容均结合《性理群书句解》和《晦庵先生朱文公文集》卷八十五,《幼学训》则来自《文集》卷六十六。

第一节　赞

【导读】

理学人物非常强调圣贤的典范作用,《近思录》第十四卷专讲圣贤气象。人物赞的主旨就是赞美,所谓"赞者,赞诵之意"。朱熹写过不少画象赞,《文集》卷八十五有《六先生画象赞》《张敬夫画象赞》《吕伯恭画象赞》《陈明仲画象赞》《程正思画象赞》《书画象自警》等,《性理群书句解》只选取《六先生画象赞》和朱熹的《书画象自警》。其实《六先生画象赞》代表了朱熹对儒家道统的构建谱系。朱熹在绍熙五年(1194)建成沧洲精舍,周敦颐、程颢、程颐、邵雍、司马光、张载六先生及朱熹的老师李侗一起从祀孔子,同时朱熹写有《沧洲精舍告先圣文》,明确论述了六位先儒对儒家道统的贡献。熊节在《性理群书》首卷选择六先生和朱熹的画象赞也意味着朱门弟子自觉认为朱熹是儒家道统的传承者。

濂溪先生①

道②丧千载,圣远言湮③。不有先觉④,孰开我人?书⑤不尽言,图⑥不尽意。风月无边⑦,庭草交翠⑧。

【注释】

①濂溪先生:指周敦颐,通过朱熹的道统构建,周敦颐被看作是理学的开山祖师,他著有《太极图》《太极图说》《通书》。《赞》体现了周敦颐上续千年不传之道统。

②道：日用常行之理，朱熹构建道统谱系是由尧、舜、禹、汤、文、武、周公传之孔子，由孔子传之颜、曾、思、孟。孟子之后不得其传，到宋代已经有千年了。

③湮（yān）：沉没，埋没。

④先觉：指觉悟早于常人的人，这里指周敦颐。

⑤书：指周敦颐所著的《通书》。

⑥图：指周敦颐的《太极图》。

⑦风月无边：指周敦颐胸怀洒落，犹光风霁月，浩瀚无边。

⑧庭草交翠：周敦颐不除院里的青草，留着观其一片生意。据《近思录》载，明道先生曰：周茂叔（笔者按：指周敦颐）窗前草不除去，问之，云"与自家意思一般"。

【译文】

自孟子以来道统已经中断了一千年，圣人的时代遥远，圣人之言日益湮没不可见。在这个时候，要不是周子（指周敦颐）先懂得了这个道理，还有谁能启发我们这些后人呢？周子所作的《通书》不足以概括周子之言，周子所作的《太极图》也不足以说尽周子之意。他胸怀洒落的气象就像光风霁月一样，浩瀚无边，就像庭前的青草一样翠色交加。

明道先生①

扬休山立②，玉色金声。元气之会，浑然天成。瑞日祥云，和风甘雨。龙德正中③，厥施斯普。

【注释】

①明道先生：指程颢，字伯淳，号明道，世称明道先生。《赞》表现了他的道德温粹之容。

② 扬休山立：扬，通"阳"，"休"同"嘘"（煦）。扬休是说气之充实就像阳气煦物一样，山立是说容貌端严，就像屹立不倒的大山。

③ 龙德正中：龙是乾卦的象，九二是中正之位，这是说程颢有圣人之德而在下位的气象。

【译文】

明道先生就像春阳一样和煦，又像屹立的大山一样稳重端庄，他的面色温润如玉，声音洪亮像金钟一样连绵不绝。明道的气象就像是天地真元之气会合在他身上，一出生就德性浑全。人人仰慕他的德行，就像见到了瑞日祥云一般，人人感受到他的恩泽，就像受到和风甘雨的滋润一样。他所具有的阳刚中正的德性就好比龙德一样变化莫测，如果他能有高位，能够推行他的道，那么他的德行就能影响到天下所有人。

伊川先生①

规员②矩方，绳直准③平。允④矣君子，展⑤也大成。布帛之文，菽粟之味。知德者希⑥，孰识其贵？

【注释】

① 伊川先生：指程颐，字正叔，程颢的弟弟，世称伊川先生。《赞》表现了他的气象端严之态。

② 员，通"圆"。

③ 准：谓水之平也。天下莫平于水，水平谓之准。

④ 允：信。

⑤ 展：诚信，确实。《诗·邶风·雄雉》："展矣君子，实劳我心。"

⑥ 希：少。

【译文】

伊川先生就像画圆的规和画方的矩，像绳子一样直，像水一样平，他的行动符合法度。他是非常值得信任的君子，又是博通古今的大儒。他的德性就好比日常穿衣离不开的布帛，日常饮食离不开的粮食一样。只是懂得道德价值的人非常稀少，有谁能认识到他的珍贵呢！

康节先生①

天挺②人豪，英迈盖世。驾风鞭霆③，历览无际。手探月窟④，足蹑天根⑤。闲中今古，醉里乾坤。

【注释】

①康节先生：指邵雍，字尧夫，谥号康节。他是象数易学的代表人物，他提出先天图，即关于伏羲八卦与六十四卦卦序排列的四种图表。朱熹继承了他的象数易学思想。这一画像赞表明了他的胸襟豪迈之态。

②天挺：天生卓越超拔。

③驾风鞭霆：御风气而上游，叱雷霆而在下。

④手探月窟：一阴生于姤，是为月窟，姤卦在先天图中居上，故曰手探。

⑤足蹑天根：一阳生于复，是为天根，复卦居先天图之下，故曰足蹑。

【译文】

康节先生是天生的人中豪杰，英雄超迈，盖乎一世。御风气而上游，叱雷霆而在下。遍览宇宙之间，浩瀚无边。他能探阴阳消长之理，深通从姤卦到复卦的变化之理。他又能闲时静观古今之变，醉里玩视乾坤之大。

横渠先生①

早悦孙吴②，晚逃佛老。勇撤皋比③，一变至道。精思力践，妙契疾书④。

《订顽》⑤之训，示我广居⑥。

【注释】

① 横渠先生：指张载，字子厚，世称横渠先生。著有《正蒙》《横渠易说》等，朱熹继承了他关于气的学说。《赞》体现了张载的力学精思之功。

② 早悦孙吴："孙吴"是指兵家的代表孙膑和吴起。张载早年喜欢孙膑、吴起用兵之法。

③ 皋比（gāo bǐ）：古人坐虎皮讲学，后用以指讲席。

④ 妙契疾书：张载习惯夜晚思考，一有心得就赶快记录下来。

⑤《订顽》：即《西铭》，初名为《订顽》。订是订正的意思。

⑥ 广居：代指仁道。孟子有"居天下之广居，立天下之正位，行天下之大道"语。

【译文】

张横渠先生最初喜爱孙膑、吴起的用兵之法，后来放弃了佛家、道家虚寂之教。他曾经在京师坐在虎皮上讲解《周易》，后来听到二程讲《周易》，就撤去虎皮，从此开始追求圣人之道。精而思之，以通其微；力而践之，以造其极。半夜思索有得于心，就赶快记录所思所想。《西铭》一篇就是告诉我们仁道的广大。

涑水先生①

笃学力行，清修苦节②。有德有言，有功有烈③。深衣大带④，张拱徐趋⑤。遗像凛然，可肃薄夫⑥。

【注释】

① 涑（sù）水先生：指司马光，涑水是他的号。朱熹的《家礼》继

承了司马光的《家范》《书仪》，朱熹还在司马光《资治通鉴》基础上完成了《资治通鉴纲目》，司马光对朱熹的礼学、史学都有重要的影响。赞突出了司马光的清修苦节之美。

②清修苦节：清介自修，艰苦节俭。

③有功有烈：著于国曰功，及于民曰烈。

④深衣大带：深衣，古代诸侯、大夫、士家居所穿的衣服，又是庶人的常礼服。衣裳相连，前后深长，故称深衣。身着深衣，束以大带。

⑤张拱徐趋：拱，抱拳，敛手。拱手，两手沓合以示敬意。趋，跑，疾走。张手而拱，徐步而趋。

⑥薄夫：刻薄的人。

【译文】

涑水先生专志于学，勉力而行，清介自修，艰苦节俭。有德性，有文章，对国家有功劳，对人民有贡献。涑水先生身服深衣，束着宽大的带子。张手而拱，徐步而趋。他的遗像凛然难犯，就是刻薄的人见了也不禁肃然起敬。

书画象自警^①

从容乎礼法之场，沉潜乎仁义之府，是予盖将有意焉而力莫能与也。佩先师之格言^②，奉前烈之余矩^③，惟暗然而日修，或庶几^④乎斯语。

【注释】

①书画象自警：朱熹为自画像所作的警语，该赞体现了朱熹的行己养心之道。

②先师之格言：朱熹有四位老师，其中刘子翚为朱熹取字元晦，祝词曰："木晦于根，春华晔敷"，朱熹年长后题桃符曰："佩韦遵考训，晦

木谨师传"，与此处"佩先师之格言"正相照应。

③ 前烈之余矩：指前人正己之道。

④ 庶几：差不多，或许，可以。

【译文】

行动时要用礼法从容应对各种情况，安静时专注于存养仁义之心，都是我想做到的，但力量恐怕还没达到。时刻牢记老师留下的教诲格言，继承前人正己之道。每天不忘在幽隐之中自修，差不多能做到动遵礼法、静守仁义这个目标。

第二节　箴

【导读】

"箴"有箴戒之意，相较于"铭"，朱熹所作的箴不多，《文集》卷八十五只有《敬斋箴》和《调息箴》。《敬斋箴》是朱熹读了张栻《主一箴》后而作，用意是"书斋壁以自警"，表达了朱熹主敬涵养的思想。后世理学家非常看重这篇箴，朱熹弟子陈淳、熊节都注释过《敬斋箴》，宋元之际的金华学派代表王柏作《敬斋箴图》，该图传入朝鲜，被李退溪收录《圣学十图》。元代吴澄详细分析《敬斋箴》的结构义理。朝鲜性理学家对此箴非常看重，18世纪李象靖作《敬斋箴集说》，搜集了各家对《敬斋箴》的注释和解说。

敬斋箴

正其衣冠，尊其瞻视。潜心以居，对越上帝①。足容必重，手容必恭。择地而蹈，折旋蚁封②。出门如宾，承事如祭。战战兢兢，罔敢或易。守口如瓶，防意如城。洞洞属属③，毋敢或轻。不东以西，不南以北。当事而存，靡他其适④。弗贰以二，弗参⑤以三。惟精惟一，万变是监。从事于斯，是曰持敬。动静无违，表里交正。须臾有间，私欲万端。不火而热，不冰而寒。毫厘有差，天壤易处。三纲⑥既沦，九法⑦亦斁⑧。於乎小子，念哉敬哉！墨卿⑨司戒，敢告灵台⑩。

【注释】

① 上帝：上天。

② 蚁封：蚂蚁掘地封土为巢，蚁穴外隆起的小土堆称为蚁封。

③ 洞洞属属：形容恭敬谨慎的样子。

④ 适：往，至；适合。

⑤ 参：音"三"，三分。

⑥ 三纲：君为臣纲、父为子纲、夫为妻纲，合称三纲。

⑦ 九法：洪范九畴之法，一是"五行"；二是"敬用五事"；三是"农用八政"；四是"协用五纪"；五是"建用皇极"；六是"义用三德"；七是"明用稽疑"；八是"念用庶徵"；九是"飨用五福，威用六极"。

⑧ 斁（dù）：败坏。

⑨ 墨卿：绳墨之吏，匠人以绳濡墨打直线，绳墨引申为法度。

⑩ 灵台：指心。《庄子·庚桑楚》："不可内于灵台。"郭象注："心也。"

【译文】

衣冠要整齐，状貌要庄严。平时管束住思绪，像面对上天那样的虔诚。手足举措，毕恭毕敬。选择善地以自处，像在蚂蚁洞里周旋。像出门见大宾那样慎重，像承担重大的祭礼那样严肃。战战兢兢，哪能有一点随便！要守口如瓶，要防意如城。非常地谨慎啊，哪敢有一点轻率！临事就要存心在意，不能让心思东想西想，到处驰走。要精神集中，专注于一，不能忽二忽三。要警惕瞬息中的万变。能够这样涵养，就叫作持敬。这种工夫要贯乎动静，要做到外表和内心同样的端正。哪怕是刹那间的间断，各种私欲就涌流出来。没有火也会感到灼热，没有冰也会感到寒冷。只要有毫厘的差错，天地就要颠倒。三纲败坏了，《洪范》九畴也坠毁了。啊！我这个后生小子啊！持敬呀，持敬呀！请绳墨之吏来监督吧，我现在以此禀告我的心灵主宰。

第三节　铭

【导读】

熊节说："铭者，志也，所以铭志其事。"理学家非常善于使用"铭"这种文体表达理学思想，辅助自己的修养工夫，朱熹所写的铭非常多，这里选取五篇关于书斋的铭文，分别是《至乐斋铭》《学古斋铭》《敬恕斋铭》《求放心斋铭》《尊德性斋铭》，都见于《朱子全书》第24册，《晦庵先生朱文公文集》卷八十五。

至乐斋是叶学古的斋名，据朱熹的说明可知，叶学古读书萧寺，取欧阳修的《读书》中"至哉天下乐，终日在书案"之语，名其室曰"至乐"。该铭主要是论读书有味胜过嗜肉之味。学古斋是周嗣恭的祖父周因的斋名，《学古斋铭》主要论"古之学者为己"之是，"今之学者为人"之非。《敬恕斋铭》是为莆田陈守的书房所作，主要论为仁之功在敬恕。《求放心斋铭》是为鄱阳程端蒙的求放心斋所作，主旨是论操执此心之道。《尊德性斋铭》是为其内弟程洵的尊德性斋而作，主旨是论人当尊敬上天所赋之性。这些铭都体现了朱熹的为学态度和主张，仔细玩味并理解这些铭文，不亚于读其《四书集注》《文集》《语类》等鸿篇巨制。

至乐斋铭

呻吟^①北窗，气郁不舒。我读我书，如病得苏^②。客问此书，中作何味？君乃嗜之，如此其至。趣^③为子语，无味乃然。是有味者，乃瘉乃羶^④。天下之乐，我不敢知。至欧阳子^⑤，乃陈^⑥斯诗。我思古人，实感我心。惟曰愔愔^⑦，式钩且深^⑧。

【注释】

① 呻吟：病人因病痛或哀伤而发出声音。

② 苏：死而复生。

③ 趣（cù）：促，急促。

④ 乃瘉（yóu）乃羶（shān）：瘉，通膻，指牛之臭（xiù），羶同"膻"，指羊之臭（xiù）。

⑤ 欧阳子：指欧阳修。

⑥ 陈：把（读书的快乐）说出来，即欧阳修诗中所说："至哉天下乐，终日在书案"语。

⑦ 愔愔（yīn yīn）：和悦貌，安闲貌。

⑧ 式钩且深：钩取书中深意。

【译文】

我病中在北窗之下呻吟，气郁抑而不舒畅。当我读我的书时，就像从病中苏醒过来。有人问：你读的书中有什么滋味？让你如此投入，如此高兴之至？我赶紧告诉他：书中无味才这样可乐。凡是有滋味的，就像牛羊腥膻。天下至乐之事，不是我所能知道的。欧阳修作诗，诗中有"至哉天下乐，终日在书案"之语。古人的话实在使我心生感怀。只是安静和悦地去钩取书中深奥的意义罢了。

学古斋铭

相古先民①，学以为己②。今也不然，为人而已。为己之学，先诚其身③。君臣之义，父子之仁。聚辨居行④，无怠无忽。至足之余⑤，泽及万物。为人之学，烨然春华⑥。诵数是力，纂组是夸⑦。结驷怀金⑧，煌煌炜炜。世俗之荣，君子之鄙。维是二者⑨，其端则微。眇绵弗察，胡越其归⑩。卓哉周侯⑪，克承先志。日新此斋，以迪来裔。此斋何有？有图有书。厥裔斯何⑫？衣冠趋进。夜思昼行，咨询谋度⑬。绝今不为，惟古是学。先难后获⑭，匪亟匪徐⑮。我其铭之，以警厥初⑯。

【注释】

① 先民：古代圣人。

② 学以为己：《论语·宪问》有"古之学者为己，今之学者为人"。意思是说古人学习是为了提高自己的德性修养，而不是为了功名利禄。

③ 先诚其身：先在践履之前保持真诚。

④ 聚辨居行：《周易·乾·文言》有："君子学以聚之，问以辨之，宽以居之，仁以行之。"

⑤ 至足之余：天理充足于自身，已经达致其极处。

⑥ 烨然（yè rán）春华：烨然，光彩鲜明的样子。烨然春华，光彩鲜明得像春天的花朵一样。

⑦ 纂组是夸：纂组，指精美的织物，又指搜集编纂，就是说追求工整的文章像编织物一样美丽，并借此向别人夸耀。

⑧ 结驷（jié sì）怀金：结驷指一车并驾四马，古人用乘驷马高车来显示富贵。怀金是指怀揣金印，比喻显贵。结驷、怀金都是富贵的象征。

⑨ 二者：指上面所说的为己和为人两种为学目标。

⑩ 胡越其归：胡在北、越在南，比喻相隔遥远。如果不能区别为己之学和为人之学，那么学习的结果差别就非常大。

⑪ 周侯：指周嗣恭。

⑫ 厥裔斯何：周侯的子孙又在哪里呢？

⑬ 谋度（duó）：指考虑揆度（kuí duó）。

⑭ 先难后获：语出《论语·雍也》，意思是先从艰难的开头用功，后面才会有收获。

⑮ 匪亟匪徐：不敢太快，也不敢缓慢。

⑯ 以警厥初：用来警戒为学的初心。

【译文】

观古圣人，所学以求尽其己。今之人不如此，所学但求知于人。所学之为己者，先在践履之前务其诚实。处君臣则当尽君臣之义，处父子则当尽父子之仁。学以聚之，问以辨之，宽以居之，仁以行之，没有怠惰，没有慢忽。天理充足于身，已极其至，而后推其余泽，以及万物。学为人者，灿然光彩如阳春，勤于诵书，复逐句而数，以求其义，求工文章，犹织衳鲜美夸耀于人。骑高头大马，怀揣金印，耀武扬威，世俗以此为荣华富贵，君子则鄙薄之。惟此为己为人二者，其肇端虽小，于几微间不致察，结果就像胡地与越地一样遥远。此斋之主人周君高明啊，继承其先人之志，重修此斋，以启迪后来的子孙。此斋中有什么呢？有图轴又有书籍。周侯的子孙又如何呢？他们都身着鲜亮的衣冠，俨然进趋，夜以思之，日以行之，咨问揆度，不恃己能，杜绝今人"为人之学"，惟以古人"为己之学"作为追求。先用功于前而有得于后，不敢欲速亦不敢缓。吾今为铭其斋，以警戒其为学的初心。

敬恕斋铭

出门如宾，承事如祭①，以是存之，敢有失坠？"己所不欲，勿施于人"②，以是行之，与物皆春。胡③世之人，恣己穷物④，惟我所便，谓彼奚恤？

孰能反是，敛焉厥躬⑤？于墙于羹⑥，仲尼子弓⑦。内顺于家，外同于邦。无小无大，罔时怨恫⑧。为仁之功，曰此其极。敬哉恕哉，永永无斁⑨。

【注释】

① 出门如宾，承事如祭：语出《论语·颜渊》："仲弓问仁，子曰：出门如见大宾，使民如承大祭。"意为出门就像去见重要的宾客，役使百姓就像面对重大祭礼一样慎重。

② 己所不欲，勿施于人：语出《论语·卫灵公》，子贡问："有一言而可以终身行之者乎？"孔子曰："其恕乎？己所不欲，勿施于人。"就是说自己不愿做的事也不要强加于别人。

③ 胡：为什么。

④ 恣己穷物：放纵自己的私欲，穷尽事物的用途。恣己就是不敬，穷物就是不恕。

⑤ 敛焉厥躬：收敛其身。

⑥ 于墙于羹：坐则见之于墙，食则见之于羹。比喻念念不忘先贤，这里指念念不忘孔子和仲弓。

⑦ 仲尼子弓：仲尼，孔子的字。子弓，指仲弓。

⑧ 罔时怨恫（tōng）：什么时候都不怨恨。

⑨ 斁（yì）：厌弃，懈怠。

【译文】

出门如见大宾客，奉事如临大祭祀。即此存之于心，怎么敢有差错？我自己所不愿接受的，亦不以此施之于他人，即此行之于身，浑然与万物同一春意。为何一世之人都要放纵自己的私欲，穷尽万物用途？因为他们只知道方便自己，何尝去体恤别人？谁能不这样做，反而收敛其身呢？坐则见之于墙，食则见之于汤的只有孔子和子弓。在内以此道顺其家，在外推此道至国家。无论小事大事都不去怨恨。为仁之功的极致就是敬恕。行至极致时，主敬和行恕就不会感到厌倦。

求放心斋铭

天地变化，其心孔仁①。成之在我②，则主于身。其主伊何③？神明不测。发挥万变，立此人极④。晷刻⑤放之，千里其奔。非诚曷有？非敬曷存？孰放孰求？孰亡孰有？屈伸在臂，反覆惟手。防微谨独，兹守之常。切问近思，曰惟以相⑥之。

【注释】

① 其心孔仁：天地以生物为心，故天地之心为仁。

② 成之在我：人得天地生物之心为心。

③ 其主伊何：它所主宰如何。

④ 人极：人道。

⑤ 晷（guǐ）刻：日晷与刻漏，比喻时间。

⑥ 曰惟以相：惟以此二者（指上句的切问和近思）交相用。

【译文】

天地变化无穷，以生物为心，故天地之心为仁。人得天地生物之心为心，则为一身之主宰。它所主宰如何？神妙明通不可测度。发施万事之变，以立人道。顷刻放荡，则奔逸千里之外。如果不用诚来总摄之，何以有此心？如果不用敬以检束之，何以存此心？谁在放纵心，谁又在找回丢失的心？谁失去了心，谁又保存了心？就像屈伸手臂、翻转手掌一样，都由自己决定。如果能防微杜渐，谨始慎终，就能常常守住此心。恳切的提问，专注的思考，这二者对存心都有辅佐之功。

尊德性斋铭

维皇上帝，降此下民①。何以予之？曰义与仁。虽义与仁，维帝之则②。钦斯承斯，犹惧弗克。孰昏且狂，苟贱污卑，淫视倾听，惰其四肢。亵天之明，慢人之纪。甘此下流，众恶之委。我其监此，祗栗厥心③。有幽其室，有赫其临。执玉奉盈④，须臾颠沛。任重道远，其敢或怠！

【注释】

① 维皇上帝，降此下民：皇天在上，降此生命于下民。

② 维帝之则：（义与仁）是上天的法则。

③ 祗（zhī）栗厥心：恭敬庄栗以持此心。

④ 执玉奉盈：好比执玉，惟恐其坠落摔碎，好比端着一盆满满的水，惟恐它溢出来。

【译文】

皇天在上，降此生于下民。将何物赋予之？仁与义而已。只有仁与义是上天的法则。敬此而又顺彼，尚恐不能。是谁昏塞狂妄，苟贱而不自重，污卑而不及高明，斜着眼睛看，侧着头听，四肢懒惰。亵渎上帝之明命，慢侮人伦之纲纪。甘心居于下流，众流秽恶皆归于此。我们应当体察至此，保持庄重恭敬以存养此心。虽处幽暗之室，亦如上帝赫然在前。譬之执玉，惟恐其坠，奉盈惟恐其溢，须防不可离，颠沛必于是。负荷者重而道又远，怎么敢生怠惰之念！

第四节　幼学训

【导读】

"训"有教诲之义,《幼学训》是朱熹从管子《弟子职》改编而来。在《朱子全书》第二十三册《文集》卷六十六有《读管氏弟子职》,是朱熹对《弟子职》作的注释,包括学则、夙作、受业对客、馈馈、乃食、洒扫、执烛、请衽、退习等内容。熊节在《性理群书》中仅节选前三部分,此处只对此三部分进行注释翻译。第一是学则,讲弟子为学之法,第二是夙作,讲弟子早起事长之仪,第三是受业对客,讲弟子受学、对客之节。

学　则

先生施教,弟子是则。温恭自虚①,所受是极②。见善从之,闻义则服。温柔孝弟,毋骄恃力。志毋虚邪③,行必正直。游居有常,必就有德。颜色整齐,中心必式④。夙兴夜寐,衣带必饬⑤。朝益暮习,小心翼翼。一此不懈,是谓学则。

【注释】

① 自虚:自己要虚心。

② 所受是极:接受教育时,要穷究道理。极,穷尽。

③ 虚邪:虚伪邪恶。

④ 中心必式:式:法度,规矩。内心合于规矩。

⑤ 饬(chì):谨慎,恭敬。

【译文】

老师施教，学生效法。学生要温和恭敬，不可自满，要把老师教授的道理深究到尽处。看见善的就顺从它，听到合适的义理就身体力行。神情温顺，孝敬父兄，不要骄横傲慢，也不自恃勇力。心志不可虚伪邪恶，品行必须正直。行止起居符合规范，亲近有德之人。容貌要求端正，内心不离规矩。早起迟睡，衣带整齐。早晨学习新内容，夜间温习而不忘。专心致志，毫不松懈，这就是学习的法则。

蚤 作

少者之事，夜寐蚤作①。既拚盥漱②，执事有恪③。摄衣④共盥，先生乃作。沃盥⑤彻盥，泛拚正席⑥，先生乃坐。出入恭敬，如见宾客。危坐⑦乡师，颜色毋怍⑧。

【注释】

① 夜寐蚤作：蚤，通"早"，夜寐是夜睡，蚤作即早起。

② 既拚（fèn）盥漱（guàn shù）：拚，扫除。盥漱，洗手和漱口，泛指盥洗。早起要打扫房间，洗刷干净。

③ 恪（kè）：恭敬，谨慎。

④ 摄衣：整饬衣装，提起衣襟。

⑤ 沃盥（wò guàn）：浇水洗手。

⑥ 泛拚正席：广泛打扫并摆正桌子。

⑦ 危坐：端坐，恭敬端直的意思。

⑧ 怍（zuò）：谓变其容貌。

【译文】

少年子弟要晚睡早起。洒扫室堂洗脸漱口，各顺其事无不恭敬。自己穿好衣服洗漱完毕，先生一起床，马上准备洗漱用具给先生，先生洗完就撤去。打扫教室，摆正桌椅坐端正，等老师就座。出入之间时常保持恭敬，虽无宾客如见宾客。身体挺直坐好，面向老师，脸色不要有愧怍之态。

受业对客

受业之纪[1]，必由长始。一周则然，其余则否。始诵必作，其次则已。凡言与行，思中以为纪[2]。古之将兴者，必由此始。后至就席，狭坐[3]则起。若有宾客，弟子骏作[4]。对客无让，应且遂行[5]。趋进受命，所求虽不得，必以反命。反坐复业[6]。若有所疑，捧手问之。师出皆起。

【注释】

① 纪：纲纪、纪律。

② 思中以为纪：以无过不及的中道为基本法则。

③ 狭坐：坐席间位置狭窄。

④ 骏作：迅起，赶紧站起来。

⑤ 遂行：顺适地进行。

⑥ 反坐复业：返回来坐下继续学习。

【译文】

从师受业的次序，必从年长者开始，第一遍这样，以后则不必这样。首次诵读必须站起来，以后则不必这样。一切言语行动只以无过不及为准则。古人成大事者，一定由此开始。后到的同学就座，旁坐者则当先起。若有宾客来，弟子要迅速起立。与宾客对答不可失礼，边应答边行走，赶快进来向先生请示。即使来宾的要求达不到，也必须回来告知。然后回原位继续学习。学习中若有疑难，便拱手提问。先生下课走出，学生一律起立。

第三章　家训　家政

北宋儒者普遍重视对《家礼》《家范》的整理，在朱熹之前，司马光著《书仪》和《家范》，王十朋有《家政集》。同时期袁采有《袁氏世范》，吕祖谦有《少仪外传》《家范》，陆九韶有《陆氏家制》，陆游有《放翁家训》，刘清之有《戒子通录》等等。朱熹《家礼》独立成书，流传甚广，影响极大，此不赘述。朱熹的《家训》《家政》由于长期存于朱氏族谱中，不为人所广知，以致朱熹《家训》常常与清代朱柏庐的《治家格言》相混淆。近二十年来，由于朱氏宗亲对《家训》的公布以及宣传，朱熹《家训》已经为学界所熟知。《家训》《家政》收录于《朱子全书》第二十六册《遗集》卷四。朱熹的《家政》与王十朋的《家政集》非常相似，但内容更加简练，符合朱熹一贯的治家理念和语言风格。后面还有编者按语，曰："各种朱氏宗谱、族谱都载有此《家训》《家政》及《童蒙须知》等，云是朱熹晚年作此以训其孙朱鉴。"本章就依据《朱子全书》，对《家训》《家政》进行注释翻译。

第一节　家训

【导读】

清代陈宏谋在《五种遗规》中将朱柏庐的《治家格言》称为《朱子家训》。

朱熹所作《家训》长期保存在福建朱氏家谱当中，称"家训"，到清晚期和民国期间则以"朱子家训"或"文公家训"四字相称。朱氏后人曾两次将之收录朱子《文集》中，分别是明嘉靖四十一年（1562）朱培辑佚的《大全集补遗》，清雍正八年（1730）朱玉补订的《朱子文集大全类编》，但流传广度远不及朱柏庐的《治家格言》。比较两部"家训"，朱柏庐的《治家格言》更注重实际经济问题，而《朱子家训》更注重道德上的自我修养。

《家训》将分三部分进行注释翻译。第一节主要是讲五伦，五伦是儒家教育的中心内容，也是理学教育的核心。《朱子家训》在传统五伦之外，又增加了事师长，体现出朱氏家庭教育更加看重老师的地位和作用。第二节主要讲待人接物、为人处世方面的基本原则。孟子说："天下有达尊三：爵一，齿一，德一。"朱子在《家训》通篇没谈到爵，即官位，接下来六句谈及如何对待别人的长处短处、仇怨、过错、善恶等。接着用四个"勿"划定道德底线，列举了四种坚决杜绝的品质行为。最后提出对待财物和行为的取舍标准。第三节说明了读书教育的重要性，然后告诫子孙对底层群众要体恤和扶持，体现了民胞物与的儒者情怀。全文最后强调这篇《家训》的重要性，就好比吃饭穿衣一样，一天也不能懈怠。

父之所贵①者，慈也；子之所贵者，孝也。君之所贵者，仁也；臣之所贵者，忠也。兄之所贵者，爱也；弟之所贵者，敬也。夫之所贵者，和②也；妇之所贵者，柔也。事③师长，贵乎礼也；交朋友，贵乎信也。

【注释】

① 贵：以……为贵，可贵。

② 和：和顺，和睦，和谐。

③ 事：侍奉。

【译文】

父亲最可贵的品质是慈爱，儿子最可贵的品质是孝顺。君主最可贵的品质是仁义,臣子最可贵的品质是忠诚。兄长最可贵的品质是友爱兄弟，兄弟最可贵的品质是恭敬兄长。丈夫最可贵的品质是和睦，妻子最可贵的品质是柔顺。侍奉老师最可贵的品质是合乎礼仪，结交朋友最可贵的品质是信任。

见老者,敬之;见幼者,爱之。有德者,年虽下与我,我必尊之;不肖者,年虽高于我,我必远之。慎勿谈人之短,切勿矜①己之长。仇者以义②解之,怨者以直③报之。人有小过,含容④而忍之;人有大过,以理而责⑤之。勿以善小而不为,勿以恶小而为之。人有恶,则掩之;人有善,则扬之。处公无私仇⑥,治家无私法⑦。勿损人而利己,勿妒贤而嫉能。勿逞忿⑧而报横逆⑨,勿非理而害物命⑩。见不义之财勿取,遇合义之事则从。

【注释】

① 矜：自大、自夸。

② 义：道义、道理。

③ 直：正直和公正。

④ 含容：包容、容忍、宽恕。

⑤ 责：规劝。

⑥ 私仇：个人的仇怨。

⑦ 私法：家规、家法。

⑧ 逞忿：发泄自己的愤怒，不能约束自己愤怒的情绪。

⑨ 横逆：横暴和逆行。横，指暴力。逆，指违背法律和道义的行为。

⑩ 物命：有生命的万物。

【译文】

见到老年人，要尊敬他；见到幼儿，要爱护他。有德行的人，即便年龄比我小，我也一样尊敬他；德性不佳的人，即便比我年长，我也要远离他。千万不要谈论别人的短处，切记不要炫耀自己的长处。对那些仇恨自己的人要以道义化解，对那些怨恨自己的人要用真诚去回应他。看到别人犯了小过错，应该包容他；看到别人犯了大的过失，要用道理去规劝他。不要因为善行很小就不去做，不要因为恶行很小就去做。见到别人的缺点和缺陷，不要到处扩散议论；见到别人的优点和成绩，就应该宣扬和表彰。处理公共事务，不应掺和私仇，处理家事，不能动用私法。不做损人利己的事，不妒忌有贤能的人。不能因为自己的愤怒而用暴力去伤害他人，不能违背道理而伤害其他生命。对于不义之财分毫不取，对于合乎道义的事情要顺从。

《诗》《书》①不可不学，礼义不可不知。子孙不可不教，婢仆②不可不恤③。守我之分④者，理也；听我之命者，天也。人能如是，天必相⑤之。此乃日用常行之道，若衣服之于身体，饮食之于口腹，不可一日无也，可不谨哉！

【注释】

① 诗书：原指《诗经》和《尚书》，这里泛指儒家的经典。

② 婢仆：婢，女奴，婢女；仆，男仆。这里指家里帮佣的人。

③ 恤：爱护、同情、帮助。

④ 分：职分、分寸、本分。

⑤ 相：辅助、帮助、扶持。

【译文】

不可以不学习古代圣贤的经典，不可以不了解各种礼仪规范和道德规则。不可以不教育子孙后代，不可以不关爱家仆。守住做人的本分就是理，顺应自己的命运就是天。一个人如果能遵照以上规则行事，老天一定会保佑他。以上这些都是日常行事的道理，就像我们身体要穿衣服，嘴巴、肚子要吃饭喝水一样，一天也不能缺失，难道可以不慎重对待吗？

第二节　家政

【导读】

朱熹对家国之礼的思考也经历了转变的过程，他在青年时期主张国法高于家礼，所以他在同安时作《申严婚礼状》《民臣礼议》。后来受王十朋的影响，朱熹在中年时代作《家政篇》，阐述了由下推上、以家及国的必要性，这种思想与其《家礼》有着同样的思路，都是主张"国政"是"家政"的拟制。

《家政》以朴实精炼的语言，提出了每个人在家庭、社会中所充当的角色和应尽的道德义务。本节将分四段进行注释翻译。第一段指出家族政治的总目标是为了植德积善，规定了父子、兄弟、夫妇、宗族不同角色的基本行为规范，这些与《家训》要求相似，不同的是，《家政》进一步提出婚礼、丧礼、祭礼的原则，以及农商等职业道德和法定义务。第二段集中讲了个人行为道德规范，包括自我修养、在工作和生活中的人际交往等具体行为规范。第三段提出诸多禁止或回避的不当行为，包括日常生活中对人、对事、对物等更加详细的日常细则。第四段重申《家政》的意义，如果在家庭内部的小集体中保持"政治"清明，将来走出家门，到地方、国家层面任职时同样能施展自己的政治才能。

有公家之政^①，有私家之政。士君子修一家之政，非求富益之^②也，植德^③而已尔，积善^④而已尔。父子欲其孝慈，兄弟欲其友恭。夫妇欲其敬顺，宗族欲其和睦。门阑^⑤欲其清白，帷簿^⑥欲其洁修^⑦。男子欲其知书，女子欲其习业^⑧。姻婕^⑨欲其择偶，婚嫁欲其及时。祭祀欲其丰洁^⑩，用度^⑪欲其俭节。坟墓欲其有守，乡井^⑫欲其重迁^⑬，先业^⑭欲其不坏。农商欲其知务^⑮，赋税欲其及期^⑯。

【注释】

① 政：政治，治理。公家之政指国家政治，对应《大学》八条目中所说的"治国平天下"。私家之政指家庭、家族治理，对应《大学》八条目中的"齐家"。"有公家之政，有私家之政"对应的是《大学》修身以下的齐家治国平天下的内容，朱熹在这个框架下来讲治理家庭的问题。

② 求富益之：追求富裕、增益财富。

③ 植德：培植德性。

④ 积善：积累善举善行。

⑤ 门阑：门框，比喻家风、家族传统。

⑥ 帷簿（wéi bó）：通"帷薄"。帷，指帐幔；薄，指草帘。帷、薄都作障隔内外之用。"帷薄不修"是家庭生活淫乱的讳语。

⑦ 洁修：整洁、齐整。

⑧ 习业：学习各种持家的本领。

⑨ 姻婕（lián）：婚姻。

⑩ 丰洁：丰盛而洁净。

⑪ 用度：费用，开支。

⑫ 乡井：代指家乡，家族。

⑬ 重迁：慎重搬迁。

⑭ 先业：祖先留下的家业。

⑮ 知务：懂得实际事务。

⑯ 及期：及时，按期。

【译文】

公共事务有公共管理准则，家族宗室有家庭行为准则。士人注重家庭事务的治理，不图扩张财富，为的是行善积德。父亲要做到慈爱，子女要孝顺长辈，兄长要友爱弟妹，弟妹要恭敬兄长。夫妻要相敬如宾，宗族成员要和睦相处。家风要清白坦荡，生活作风要正派纯洁。男子要知书达礼，女子要学习持家劳作的技能。婚姻要慎重择偶，结婚嫁娶要及时。祭祀祖先要丰盛又整洁，日常生活用度要勤俭节约。祖先的坟墓要有专人守护，家族居处要慎重搬迁，先人的遗产要好好保护。农业和商业都要了解，国家赋税要及时缴纳。

私负①欲其知偿，私恩②欲其知报。私怒欲其不逞③，私怨欲其不蓄④。亲戚欲其往来，宾客欲其延接⑤。里闬⑥欲其相欢，故旧欲其相亲。交游欲其必择，行止⑦欲其必谨。事上⑧欲其无谄，待下欲其无傲。公门⑨欲其无扰，讼庭⑩欲其勿临。非法欲其勿为，危事欲其勿与⑪。官长⑫欲其必敬，桑梓⑬欲其必恭。有无欲其相通，凶荒欲其相济。患难欲其相恤，疾病欲其相扶。丧葬欲其相哀，喜庆欲其相贺。

【注释】

① 私负：自己的负债，相对于整个家族而言。

② 私恩：自己个人的恩情，相对于家族全体而言。

③ 不逞：不要逞强。

④ 不蓄：不要积攒，要释放出来。

⑤ 延接：接见，接待。

⑥ 里闬（lǐ hàn）：里门，代指乡里。

⑦ 行止：举止行为。

⑧ 事上：对待上级领导或长辈。

⑨ 公门：官署和衙门。

⑩ 讼庭：诉讼场所。

⑪ 勿与：不要参与。

⑫ 官长：官员，长官。

⑬ 桑梓（sāng zǐ）：桑与梓为古代住宅旁常栽之树木，东汉以来用以借指故乡。

【译文】

自己欠下的债务要知道偿还，自己所接受的恩情要知道报答。私人愤怒不要好勇逞强，个人的怨恨不要隐忍不发。亲戚要密切往来，宾客要恭敬接待。家庭成员之间要喜乐融融，亲朋好友要互相亲近。朋友交往要慎重选择，行为举止要谨慎。服务上级领导不要阿谀奉承，对待下级不要傲慢无礼。不要干扰官府衙门的工作，不要陷入诉讼纠纷。非法行为都不要做，危险的事情也不要参与。尊敬官员，恭敬乡亲。乡党邻里之间要互通有无，灾荒时节要互相救济。有了患难要相互体恤，有了疾病要互相扶助。遇到丧葬之事要致以同情慰问，遇到喜庆的事情要表示庆贺。

临财欲其勿苟①，见利欲其勿争。交易欲其廉平②，施与③欲其均一。吉凶欲其知变，忧乐欲其知时。内外欲其相谐，忿恚④欲其含忍。过恶⑤欲其隐讳，嫌疑欲其知避。丑秽欲其不谈，奴婢欲其整齐。出纳⑥欲其明白，戏玩⑦欲其有节。饮酒欲其不乱，服饰欲其无侈⑧。器用欲其无华⑨，庐舍⑩欲其葺⑪修。庭宇欲其洒扫，文籍欲其无毁。门壁欲其勿污，鞭笞欲其勿苟，赏罚欲其必当。

【注释】

① 苟：随便，《礼记·曲礼上》有"临财毋苟得"，是说面对财物，不能随意地占为己有。

② 廉平：公平。

③ 施与：布施财物给别人。

④ 忿恚 (fèn huì)：愤怒，怨恨。

⑤ 过恶：过错、恶行。

⑥ 出纳：财务的支出和收入。

⑦ 戏玩：各种游戏、玩乐活动。

⑧ 无侈：不要奢侈。

⑨ 无华：不要奢华。

⑩ 庐舍：房屋。

⑪ 葺（qì）修：修理。

【译文】

面对财富，不要随意占有，面对利益，不要争抢。商品交易要公道合理，给予别人东西要讲究公平公正。要懂得吉凶转变的道理，善于控制自己的喜怒哀乐。家内外都要保持融洽和谐，愤怒生气的时候要忍辱负重。别人的过错恶行不要张扬，一些不确定的事情要避免谈论。不要说污言秽语，家中佣人做事要求整齐。财务收支账目要明白清楚，平日的游戏玩乐要有节制。不要酗酒贪杯，不要追求衣着华丽。不要贪慕器用奢华，要定期修葺房屋。庭院要经常打扫，课本书籍要保持完整。门窗墙壁不要弄脏，不要随便鞭打别人，赏罚必须分明得当。

如是①而行之，则家政修明②，内外无怨，上下降祥，子孙吉昌。移之于官，则一官之政修；移之于国与天下，则国与天下之政理。呜呼！有官君子，其可不修一家之政乎！家政不修，其可语③国与天下之事乎！

【注释】

① 如是：就这样。

② 修明：严明。

③ 语：谈论。

【译文】

倘若都按以上要求做到了，那么家庭事务治理严明，家族内外毫无怨言，上下一片祥和，子孙后代自然兴旺发达。如果家长成为地方官员，也像这样去管理事务，那么这个地方必将治理得井井有条；如果家长有机会去治理国家或天下，整个国家或天下的公共事务治理都将通达顺利。哎呀，哪有做官的君子不注重家庭事务的治理啊！家庭事务都治理不好，难道还有资格谈论国家大事、天下大事吗？

第四章　朱熹的家书

朱熹家族观念强烈，通过他留下的家书看，朱熹颇有对家族荣辱负责的大家长之风，他非常关心朱氏家族的发展，比如他在淳熙六年（1179）写给朱壽的《与五六郎书》询问祖坟之事，体现了他对婺源祖先的关心，也体现了他对祖先祭祀之礼的基本看法。在他的很多书信中，既有对同族兄弟行事的规劝，又有对晚辈儿孙的谆谆教诲。本章节选四篇代表性的书信，展现朱熹日常生活中对待家人的基本情景，分别是《上书庆国卓夫人》《与长子受之》《答黄直卿》《与魏应仲》，代表了他对待长辈、儿子、女婿以及家塾中弟子的态度。

第一节　上书庆国卓夫人

【导读】

卓夫人（？—1170），刘子羽的继室，刘珙（字共父）的继母，刘坪（字平甫）的母亲，被封为庆国夫人。该书写于绍兴三十二年（1162），信中提到的"五哥"就是刘坪。朱熹十四岁时父亲去世，朱松把家事交待给刘子羽，让朱熹跟从刘子翚、刘勉之和胡宪学习。刘子羽是刘子翚的哥哥，他为朱熹建紫阳楼供朱熹母子起居读书，所以朱熹把卓夫人当成自己的母亲。这封信写的是朱熹听说卓夫人为儿子刘坪找到一份美差，朱熹对夫人进行劝谏，认为这份差事会影响刘坪的学习和修养。但卓夫人没听朱熹的劝告，刘坪最后还是调诸路提点坑冶铸钱司干办公事，但由于其他原因，最终没有上任。由此可见朱熹对待长辈、同辈的态度以及出入进退的为官之道。本家书在《文集》卷三十七。

　　熹辄有愚见，初欲面禀，今既不成行，敢此布①之。五哥②岳庙近自春中以来，顿减游燕③，复近书册。若常能如此，寡过可期。更望因书褒劝④，以奖成之。且闻尊意欲为经营干官⑤差遣，不知然否？熹则窃以为不可。近世人家子弟多因为此坏却心性，一生仕官⑥费力。盖其生长富贵，本不知艰难，一旦仕官，便为此官，逐司⑦只有使长一人可相拘辖⑧，又间有宽厚长者，即以贵游子弟相待，不欲以法度见绳⑨，上无职事了办⑩之责，下无吏民窥伺⑪之忧，而州县守倅⑫势反出己下，可以凌轹⑬，故后生子弟为此官者无不傲慢纵恣，席势⑭凌人。其谨饬⑮者虽不至此，亦缘不亲民事，触事懵然，非如州县小吏等级相承，职事相辖，一日废慢则罪戾及之，故仕于州县者常晓事而少过。愚意以为平父可且令参部，受簿尉之属，乃为正当。若不欲如此，即舍人兄⑯为营一稍在人下、有职事、吃人打骂差遣，乃所以成就之。若必欲与求干官，乃是置之有过之地，误其终身，恐非太硕人⑰高明教子之本意也。

【注释】

① 布：公布、说出来。

② 五哥：即平甫，刘坪。

③ 游燕：游玩、宴乐等。

④ 褒（bāo）劝：奖励、劝勉。

⑤ 干（gàn）官：古代掌均输之官，主要负责盐、铁、酒等的国家专卖。

⑥ 仕官：入仕做官。

⑦ 逐司：竞争职务。

⑧ 拘辖：管辖，管束。

⑨ 见绳：被人纠正。

⑩ 了（liǎo）办：办理、了结。

⑪ 窥伺：偷偷观察，私下观察。

⑫ 守倅（cuì）：郡守及其副职，泛指州郡的长官。

⑬ 凌轹（líng lì）：欺凌，倾轧，欺压。

⑭ 席势：倚仗势力。

⑮ 谨饬（jǐn chì）：严谨修饬。指言行检点而有节制。

⑯ 舍人兄：指刘珙。

⑰ 硕人：妇人封赠之号。宋政和初，定命妇（指有封号的妇女）等级大夫以上封硕人。

【译文】

我有点不成熟的看法，本想着当面禀告，现在既然无法成行，就在信中说出来。五哥春天从岳庙回来后，减少了游玩宴乐的时间，重新亲近书本了。如果能这样保持下去，可以减少犯错误。还希望您在信中多劝说、勉励他，以便成就他。我听说夫人在运作，想给五哥找干官（干官，古代掌均输之官）差事，不知是否这样？我认为这样不好。很多官宦人家的子弟，都因为从事这项工作而坏了心性，导致一辈子做官费力。大概因为这些官宦子弟，生长在富贵家庭，本来不懂得生活的艰辛，一走上仕途，就担任重要的官职。在任官时，整个官署只有主官一人可以管束他，而这些主官中大多是宽容厚道的长辈，都以对待富贵公子的礼节去要求他们，不太可能用法律制度严格要求他们，上面没有人责令他认真做好自己的本职工作，下面也不用担心有人会挤占了他的岗位，而地方州县的太守县令，哪怕官阶比他高，但因有求于他，也不敢随意挟气欺压他们，因此官宦子弟当这种官的，没有一个不是傲慢荒怠、胡作非为的。即使他很自律不至于这样，也会因为不懂民事，接触事情懵懵懂懂，不像州县小官员那样由于等级森严，分工明确，一次怠慢了就会受到惩罚，所以他们做事常常通晓事理，比较少出错。我认为五哥可以从底层主簿、县尉做起，更为合适。如果不想这样，可让兄长为他找一个小职员的工作，让他有本职事务，任由别人差遣打骂，这样反而能成全他。如果非要给他谋求干官这种职位，那是把他放在容易犯罪的地方，反而会害了他一辈子，这恐怕不是您老人家教育儿子的本意。

第二节　与长子受之

【导读】

朱塾（1153—1191），字受之，朱熹长子。《文集》中只有两通书信，内容一为学行规范，一为私事。由于朱塾在家不好好学习，再加上儒家有"易子而教"的传统，朱熹于乾道九年（1173）夏天派他到婺州向吕祖谦求学。《与长子受之》是此时朱熹写给朱塾的，信中交代了旅途中和到婺州后的注意事项，并教诲儿子如何求学和做人。这封信深受理学家和书法家的喜爱，后人以此书为主体，补充其他内容合编而成《训子帖》或《训子从学帖》，单独流传，不仅被《文渊阁书目》《中国丛书综录》收录，也成为蒙学教材必收书目，比如元代《居家必用事类全集·甲集》、清代张伯行辑刻的《养正类编》、贺瑞麟辑刻的《西京清麓丛书续编·养蒙书九种》都有《训子帖》。本节根据《朱子全书》二十五册《续集》卷八《与长子受之》，分四段进行注释翻译。

早晚授业请益随众例^①，不得怠慢。日间思索有疑，用册子随手札记^②，候见质问③，不得放过。所闻诲语，归安下处思省④。要切之言，逐日札记，归日要看。见好文字，亦录取归来。不得自擅出入，与人往还。初到，问先生有合见者见之，不令见则不必往。人来相见亦启禀，然后往报之，此外不得出入一步。居处须是居敬，不得倨肆惰慢⑤。言语须要谛当⑥，不得戏笑喧哗。凡事谦恭，不得尚气凌人，自取耻辱。不得饮酒，荒思废业。亦恐言语差错，失己忤人，尤当深戒。不可言人过恶，及说人家长短是非。有来告者，亦勿酬答。于先生之前尤不可说同学之短。

【注释】

① 随众例：跟所有同学一样的惯例。

② 札记：读书时摘记要点或心得。

③ 候见质问：等见到老师时向老师提问。

④ 思省（xǐng）：思考反省。

⑤ 倨肆惰慢：放肆、懒惰、傲慢。

⑥ 谛当：适当，合适。

【译文】

早晚所学的内容都遵照共同的惯例，不要懈怠。每天思考遇到疑问，就用本子随手记录下来，等到拜见老师时请老师解答，不要马马虎虎就放过了。从老师那里听到的教诲，回去以后要好好思考反省。对于重要的话，要每天记录下来，回去都要翻看。见到好的文字，也要摘录下来。不要不经老师同意擅自出入，跟别人送往迎来。刚到那里，问老师有应当拜访的人就去拜访，不让你去拜访的人就不必去见。有人来见你，你也要向老师禀报，经过同意后再去见面，除此之外，不要离开学校。日常起居都要保持敬畏的态度，不要有骄傲放肆懒惰的态度。平常说话也要适当，不要随便开玩笑，大声喧哗。做事要谦恭有礼，不要盛气凌人，以防自取其辱。不要饮酒，荒废学业。也是怕言语出错，得罪别人，这是特别要戒除的事情。不要宣扬别人的过失和恶行，也不要评论别人的长短是非。有人跟你说这些，也不要回应。在老师面前尤其不要说同学的不是。

交游之间，尤当审择，虽是同学，亦不可无亲疏之辨。此皆当请于先生，听其所教。大凡敦厚忠信、能攻①吾过者，益友②也。其谄谀轻薄、傲慢亵狎，导人为恶者，损友③也。推此求之，亦自合见得五七分，更问以审之，百无所失矣。但恐志趣卑凡，不能克己④从善，则益者不期疏而日远，损者不期近而日亲。此须痛加检点而矫革之，不可荏苒渐习，自趋小人之域。如此，虽有贤师长，亦无救拔⑤自家处矣。见人嘉言善行，则敬慕而纪录之。见人好文字胜己者，则借来熟看，或传录之而咨问之，思与之齐而后已。不拘长少，惟善是取。

【注释】

① 攻：治，改正。

② 益友：对自己有益的朋友。

③ 损友：会损害自己德性，不利于自己成长的朋友。

④ 克己：克制自己的不良欲望。

⑤ 救拔：拯救，解救。

【译文】

说到交朋友，尤其要审慎选择，虽然是同学，也不可以没有亲疏之别。这些也要向老师请教，听从他的教诲。凡是为人忠厚可信，能指出我的过错的人，都是我的益友。那种谄媚轻浮，傲慢不庄重，总教你做坏事的人是损友。以这种标准去选朋友，也就差不多合适，再加上自己平常的询问、观察，也就万无一失了。就怕自己志趣低下，不能克制自己的不良嗜好，遵从善良的德性，使得益友越来越疏远，损友越来越亲近。这就需要深刻反省自己，改变自己，不能每天耳濡目染，慢慢习惯了，渐渐将自己推向小人堆里了。如此发展下去，即便有再好的老师，也无法救治自己了。见到别人的好言语好行为，自己要有仰慕之心，要记录下来。见到别人比自己写得好的文字，也要借来反复读熟，或者抄录下来与人商量讨论，直到自己跟人家做到一样为止。不管别人比自己年长还是年少，只要是好的都要借鉴。

以上数条，切宜谨守。其所未及，亦可据此推广。大抵只是勤谨二字，循之而上，有无限好事，吾虽未敢言，而窃为汝愿之。反之而下，有无限不好事，吾虽不欲言，而未免为汝忧之也。盖汝若好学，在家足可读书作文，讲明义理，不待远离膝下^①，千里从师。汝既不能如此，即是自不好学，已无可望之理。然今遣汝者，恐汝在家汩^②于俗务，不得专意，又父子之间不欲昼夜督责，及无朋友闻见^③，故令汝一行。汝若到彼能奋然勇为，力改故习，一味勤谨，则吾犹有望。不然，则徒劳费，只与在家一般。他日归来，又只是旧时伎俩^④人物，不知汝将何面目归见父母亲戚、乡党故旧耶？念之念之！夙兴夜寐，无忝^⑤尔所生，在此一行，千万努力！

【注释】

① 膝下：用作父母的敬语。

② 汩（gǔ）：搅乱、扰乱。

③ 闻见：相互探讨，增长见识。

④ 伎俩（jì liǎng）：花招，这里指不务正业的意思。

⑤ 无忝（tiǎn）：不玷辱，不羞愧。

【译文】

以上几条，一定要谨记遵守，其他没说到的，也可以从这些去推广。大概只要记得"勤谨"二字，就此往上推衍，可以做无限好事，我虽不敢这么保证，但确实是对你最好的祝愿。反过来看，如果不勤谨，就有无限坏事，我不想这么说，但也确实为你担忧。如果你努力学习，在家里也完全可以读书写文章，明白文章的内容和道理，用不着远离父母，千里迢迢地去找老师学习。你既然不能这样，就是自己不好学，也不指望你懂得这个道理。但是现在让你外出从师的原因，是担心你在家里俗务缠身，不能专心读书学习。而且，父子之间，我也不希望日夜督促责备你。再者，在家里也没有朋友和你一起探讨，增长见识，所以要让你出去走走。如果你到了老师那里，能够奋发图强，有所作为，努力改掉旧的习气，始终勤勉谨慎，那么我对你还是抱有希望的。如果不这样，就白费精力，和在家一样。哪天回来，又是不务正业，不知道你还有什么脸面再见父母亲戚和乡里老朋友呢？可要好好地想一想啊！想一想啊！"早起晚睡，不辱没你这一生！"这一次离家从师，千万要努力。

到婺州先讨店权歇泊定①，即盥栉②具刺③，去见吕正字④。初见便禀："某以大人之命远来，亲依先生讲席之下，礼合展拜。傥⑤蒙收留，伏乞端受。"便拜两拜。如未受，即再致恳云："未蒙纳拜，不胜皇恐⑥。更望先生尊慈特赐容纳。况某于门下，自先祖父以来，事契⑦深厚，切望垂允。"又再拜起，问寒暄毕，又进言："某晚学小生，久闻先生德义道学之盛，今日幸得瞻拜，不胜慰幸。"坐定，茶毕再起，叙晚学无知，大人遣来从学之意："窃闻先生至诚乐育，愿赐开允，使某得早晚亲炙⑧，不胜幸甚。"又云："来时大人拜意，有书投纳⑨。"即出书投之。又进说："大人再令拜禀，限以地远，不得瞻拜郎中公几筵⑩。今有香一炷，令某拜献。今参拜之初，未敢遽请，容来日再诣门下。令弟宣教大人亦有书，并俟来日请见面纳。"

揖退，略就坐，又揖而起。如问它事，即随事应答。如将来宿食，即云："大人书中已具禀，更听尊旨。"次日，将香再去，仍具刺，并以刺谒其弟。问看同居有几子弟，皆见之，只问门下人可知也。见其兄弟皆拜。茶罢，便起禀："某昨日禀知，乞诣灵筵瞻拜，更俟尊命。"如引入，即诣灵前再拜焚香，又再拜讫，拜其兄弟两拜，进说："大人致问，昨闻郎中丈丈奄弃⑪明时，限以地远，不获奔慰，不胜惨怆之私。令某拜禀，切望以时节哀，为道自爱。"又再拜，趋出。……大抵礼数，务要恭谨详缓，不要张皇颠错。

【注释】

① 权歇泊定：暂时歇息。

② 盥栉（guàn zhì）：指梳洗整容。

③ 具刺：具，准备，带上。刺，名片。古代在竹简上刺上名字，所以叫刺。

④ 吕正字：指吕祖谦，正字，官名，掌校雠典籍，刊正文章。

⑤ 傥（tǎng）：同"倘"，如果。

⑥ 皇恐：同"惶恐"。

⑦ 事契（shì qì）：情谊。

⑧ 亲炙（zhì）：指亲受教育熏陶。

⑨ 投纳：投，投送，呈递。纳，入。

⑩ 几筵：即"几席"，几席乃祭祀的席位，后亦称灵座。

⑪ 奄弃（yǎn qì）：意思是忽然抛弃，指永别，死亡。

【译文】

到了婺州，先去找住店歇息，洗漱后拿着名片，去见吕先生。刚见面就禀告说："我奉了父亲之命来此，希望在老师门下学习，按照礼仪应该好好拜见老师。如果老师能够收留我，请接受我的拜见。"接着就拜两次。

如果没有接受，就在此恳请说："老师没有接受，晚辈不胜惶恐。还望老师能发扬宽容慈爱之心，接受我的拜见。何况我与老师家自祖辈就有深厚的情谊，一定请允许我再拜一次。"再拜两次起来，寒暄完毕，起身再说："晚辈很久以来就听说老师的道德学问博大，今天有机会拜会，非常荣幸。"坐下后，喝茶完再起身，就说明父亲派遣自己来拜师求学的意图，说："我私底下听说老师心诚乐于教人，所以非常希望您允许我拜师于您门下接受教诲，不胜荣幸。"又说："我动身时，父亲为了表达拜会的心意，有书信让我带来。"接着就拿出书信交给老师。再说："父亲一再说，因为路途遥远，不能亲自拜见令尊大人的灵座。现在有一炷香，让我献上。今天刚来参拜老师，不敢突然请求，请容许我明天再来拜谒。您的弟弟也有书信，一并等到明天当面交来。"说完作揖，稍坐一会，再起身作揖。如果有问到其他事情，随机应对即可，比如问将来的住宿吃饭问题，就说："父亲信中已有说明，请尊便。"第二天，带着香前去，仍带着名片去见吕先生的弟弟。问一下家里还有几个兄弟，都去见一下，这个问问同学就可以清楚了。见到他的兄弟，都要拜见。喝茶之后，就起身禀告："昨天说过要瞻拜灵座，请您允许。"如果引入灵堂，即到灵前再拜焚香，拜两次后，再向他的兄弟拜两次，进而说："父亲大人说，昨天听说郎中爷爷（指吕祖谦的父亲）去世，因为路途遥远，没有办法前来奔丧慰问，禁不住自己悲伤凄怆。今天让我瞻拜，您一定要节哀，保重自己的身体。"拜两拜，退出。……这些礼数，都要恭敬到位，从容不迫，不要慌张错乱。

第三节　答黄直卿

【导读】

黄榦（1152—1221），字直卿，号勉斋，福州闽县人。淳熙三年正月拜师朱熹于崇安五夫里，淳熙九年，朱熹将二女儿朱兑嫁给了黄榦。朱熹对黄榦很是欣赏和信任，让黄榦教授自己的两个孙子朱钜和朱钧。据徐琳琳《朱熹尺牍研究》，朱熹撰写书信往还最多的三个人分别是蔡元定、吕祖谦、黄榦，黄榦来往有109通。黄榦是朱熹从学时间较长的高弟，又是女婿，书信内容非常广泛，除了讨论政事、问学之外，还有各种家事。从二人通信中，能够明显感受到朱熹对自己的女儿、女婿、外孙等后辈的关心，非常具有生活化气息。本节选取《朱子全书》第二十五册《续集》卷一《答黄直卿》谈及家事的三段进行注释翻译，由此可见朱熹作为父亲、岳父、外公的另一种形象。

　　此女得归^① 德门^② ，事贤者^③ ，固为甚幸。但早年失母^④ ，阙于礼教，而贫家资遣^⑤ 不能丰备，深用愧恨。想太夫人慈念，必能阔略^⑥ 。然妇礼不可缺者，亦更赖直卿早晚详细与说，使不至旷败^⑦ 乃善。辂^⑧ 孙骨相精神，长当有立。辅^⑨ 亦渐觉长进，可好看之。

【注释】

① 归：女子嫁人。

② 德门：封建时代谓循守礼教之家。

③ 贤者：指黄榦。

④ 失母：丧母。

⑤ 资遣：给资遣行，指嫁妆。

⑥ 阔略：宽恕，宽容。

⑦ 旷败：失败、失误。

⑧ 辂（lù）：车辕上用来挽车的横木，或者古时候的一种大车。这里指黄榦的儿子黄辂。

⑨ 辅：绑在车轮外旁用以夹毂的两条直木。这里指黄榦的儿子黄辅。

【译文】

我这个女儿有幸嫁到黄家，侍奉你这样的贤人，是非常幸运的事。只是她早早失去母亲，不懂礼数，我家穷也不能提供丰厚的嫁妆，我感到非常愧疚。不过想来令堂慈爱，必定能宽容她。然而媳妇礼仪不能缺少，还是希望直卿早晚好好与她说说，使她不要有失误才好。辂孙长得很是精神，长大必当有所成就。辅孙也渐渐长大了，可要好好看管他们。

辂孙不知记得外翁①否？渠②爱壁间狮子，今画一本与之，可背③起与看，勿令揉坏却也。此是陆探微④画，东坡集中有赞⑤。愿他似此狮子，奋迅哮吼，令百兽脑裂也。

【注释】

① 外翁：外公，外祖父。

② 渠：他。

③ 背：亦作褙，意为"裱褙"，用纸或丝织品做衬托，来装潢字画书籍，或加以修补，使之美观耐久。凡裱褙必两层，书画等正面向外者，谓之裱，以无染素纸衬托其背者，称为褙。

④ 陆探微：（？—约485），吴县（今苏州）人，南朝宋齐之间的画家。宋明帝时，其为最受信任的宫廷画家，多为帝王、权贵、功臣等写照。

⑤ 赞：一种以赞扬为主旨的文体。苏轼有《画狮子屏风赞》，对陆探微的狮子画像做了赞扬。

【译文】

辂孙不知还记得我这个外祖父吗？他最爱墙壁上画的狮子，今天给他画了一本，可以裱褙起来给他看，不要让他揉坏了。这是南北朝时陆探微画的，苏轼文集中有一篇《画狮子屏风赞》。希望他能像狮子一样奋进迅猛练成狮吼功，令敌人肝胆俱裂。

　　二孙①切烦严教督之，闻外边搜罗鼎沸②，如今便得解③，亦不敢赴省，况于其他？只可着力学做好人，是自家本分事。平时所望于儿孙者不过如此，初不曾说要入太学④、取科第也。

【注释】

①二孙：指朱熹的孙子朱钜和朱钧，黄榦负责教授他们。

②鼎沸：水涌流翻腾的样子，比喻形势纷扰动乱。

③解：解除职务。当时朱熹准备致仕，结束任职。

④太学：古代设在京城的最高学府。

【译文】

　　我的两个孙子一定劳烦你严格督促教育，听说外边到处搜罗"伪学"人士，现在即便解除了职务，也不敢进入省城，何况去其他地方？只能尽量学着做好人，这是自家分内的责任。平时我对儿孙的期望也不过就是这样，当初也没说一定要让他们考入太学，考取功名。

第四节　与魏应仲

【导读】

　　魏应仲，字孝伯，建阳人，魏掞之子。魏掞之，初字元履，后字子实，号艮斋，与朱熹一起受学于胡宪。隆兴元年，魏应仲到朱熹家塾受学，九月朱熹有事外出，于是留下书信告诉他学习方法。该书见于《朱子全书》二十二册《文集》卷三十九。其中"起居坐立，务要端庄"以下在《朱子遗集》卷四以"训子书"标题出现,可见这既是朱熹对家塾中学生的要求,也是对自家儿子的要求。由此书可见朱熹家塾的教学方式以及朱熹对后学的殷殷期望。清代陆陇其说:"《与魏应仲》一书,切中小学工夫,可与程氏《读书日程》参看。"清代张伯行以"训子书"为题编入《养正类编》卷二。

三哥①年长,宜自知力学,以副亲庭②责望之意,不可自比儿曹③,虚度时日。逐日早起,依本点④《礼记》《左传》各二百字,参以《释文》,正其音读,俨然端坐,各诵百遍讫⑤,诵《孟子》三二十遍,熟复玩味讫,看史数板⑥,不过五六。反复数遍。文词通畅、议论精密处诵数过为佳。大抵所读经史,切要反复精详,方能渐见旨趣。诵之宜舒缓不迫,令字字分明。更须端庄正坐,如对圣贤,则心定而义理易究。不可贪多务广、涉猎卤莽⑦,才看过了,便谓已通。小有疑处,即更思索,思索不通,即置小册子逐日抄记,以时省阅⑧,俟归日⑨逐一理会。切不可含糊护短,耻于资问而终身受此黯暗以自欺也。又置簿记⑩逐日所诵说起止,以俟归日稽考⑪。起居坐立,务要端庄,不可倾倚,恐至昏怠。出入步趋务要凝重,不可票轻⑫,以害德性。以谦逊自牧,以和敬待人。凡事切须谨饬⑬,无故不须出入。少说闲话,恐废光阴。勿观杂书,恐分精力。早晚频自点检⑭所习之业,每旬休日,将一旬内书温习数过,勿令心少有放佚⑮,则自然渐进道理,讲习易明矣。

【注释】

① 三哥:指魏应仲。

② 亲庭:指父母。

③ 儿曹:指晚辈的孩子们。

④ 点:指标出句读,因为古文没有标点,读时须自己断句,加标点。

⑤ 讫：完成。

⑥ 板：通"版"，印刷的字版。类似现在所说的页。

⑦ 卤莽（lǔ mǎng）：马虎，得过且过。说话做事不经过考虑，轻率。

⑧ 省阅（xǐng yuè）：审视、阅览。

⑨ 俟（sì）归日：等待回来的时候。

⑩ 簿记：笔记，记录。

⑪ 稽考：考核，考查。

⑫ 票轻：轻浮。

⑬ 谨饬（chì）：谨慎周到。

⑭ 点检：检查，查阅。

⑮ 放佚（yì）：放任、散漫。

【译文】

你的年纪大了，应该自己知道好好用功读书，不要辜负父母的期望，不能再把自己当小孩子，虚度光阴。每天早起，依照本子点校《礼记》《左传》各两百字，参照《经典释文》，纠正读音、标点，端正坐着，把刚才点校的两百字读完一百遍，再诵读《孟子》二三十遍，熟读反复思考之后，看几页史书，大概五六页。反复读几遍，那种文词通畅，议论精密的地方最好要背诵下来。大致读经史书，一定要反复精读，才能渐渐看出主旨趣味。诵读时要从容不迫，让它字字分明。更要注意的是，端坐着就像面对圣贤一样，这样就能定心，而且文中义理容易理解。不要贪多总想着多看，看得匆忙马虎，才看过一下，就说已经懂了。如果有疑惑的地方，就要去思考，思考不通的，就拿小本子每天记录下来，以备后面弄懂，等回家以后一个一个去解决。一定不要含糊不清，因怕别人知道自己不懂而以问别人作为耻辱，如果这样，一辈子都受不懂装懂的欺骗。又要准备一个本子专门记录每天诵读的开始和结束，以便回家后查阅。日常行走坐立，都要端庄，不要随便倚靠倾斜，那样容易导致懈怠昏沉。日常走路要稳重，不要轻浮，这样会危害德性修养。要用谦虚来要求自己，用和气敬重来对待别人。做事情要整齐利索，没有事情不要随便出去。少说闲话，免得浪费时间。不要看杂书，免得分散精力。早晚时刻去检查自己所学过的东西，每十天休息之日，将十天内所学内容温习几遍，不要让心思稍有分散，这样慢慢就会深入理解道理，所学内容慢慢就明白了。

第五章　童蒙须知

中国传统社会是礼治社会，中国素以"礼仪之邦"闻名于世，19 世纪的美国传教士明恩浦说："中国人已经把礼仪烂熟于心，已把它变成了一种内在的文化境界。""对中国人有偏见的批评家，也不得不承认中国人已经把礼貌升华到一个完美的高度，这是西方人所不曾体验、不可想象、不可知的。"礼仪之邦是如何炼成的，我们只要读一下朱熹的《童蒙须知》《小学》《学礼》就能略知一二了。

《童蒙须知》又名《训学斋规》，《童蒙须知》载于《朱子全书》第十三册，又以《训学斋规》为题载于《朱子全书》第二十六册《遗集》卷四。该书完成于隆兴年间。"童蒙"二字取自《周易》，蒙是迷蒙之意，儒家认为儿童在幼稚不懂事的阶段，通过教育，让他们懂得向善的道理，培养他们的正气，所以又说"童蒙养正"，对儿童的教育也叫蒙学。这篇启蒙读物应用于家庭中教育儿童时叫《童蒙须知》，用于书院管理学生行为习惯时叫《训学斋规》。"斋规"即学校里的学生守则。《童蒙须知》共有五方面内容，即"始于衣服冠履，次及语言步趋，次及洒扫涓洁，次及读书写文字，及有杂细事宜"。由于教育对象主要是儿童，所以规范要求都是易于模仿学习的，比如就读书写字来看，《童蒙须知》主要着眼于对读书写字的姿势、态度等方面。

《童蒙须知》对明清蒙学教育影响很大，被选入多种蒙学教材之中，如张伯行（1651—1725）编纂的《养正类编》第一篇就是《童蒙须知》，陈宏谋（1696—1771）所辑《五种遗规》之《养正遗规》第三篇是《童蒙须知》。下面就分为六个部分进行注释翻译。

第一节 序

【导读】

《童蒙须知》正文之前有一段引文，对全文的内容、意义进行总括说明，本章作为序言。

夫童蒙①之学，始于衣服冠履，次及语言步趋，次及洒扫涓洁②，次及读书写文字，及有杂细事宜，皆所当知。今逐目条列，名曰《童蒙须知》。若其修身③治心④，事亲接物，与夫穷理尽性⑤之要，自有圣贤典训⑥昭然⑦可考，当次第晓达⑧，兹不复详著云。

【注释】

① 童蒙：幼稚愚昧，这里指年幼不明事理的儿童。《周易·蒙卦》有"匪我求童蒙，童蒙求我"。朱熹《周易本义》注："童蒙，幼稚而蒙昧。"

② 涓洁：洁净，清洁。

③ 修身：陶冶身心，涵养德性。修身是《大学》"八条目"（格物、致知、诚意、正心、修身、齐家、治国、平天下）之一。

④ 治心：修养自身的心灵以及德性。

⑤ 穷理尽性：穷究天地万物之理，充分发挥人的本性。

⑥ 典训：《尚书》中《尧典》《伊训》等篇的并称，此处代指经典或《尚书》。

⑦ 昭然：明白。

⑧ 晓达：通晓。

【译文】

儿童启蒙之学，从穿衣戴帽开始，然后是言行举止，然后是扫洒清洁，然后是读书写字，以及各种杂事，都是应当懂得的。今天逐条列出，名字叫《童蒙须知》。至于修身、治心、事亲、接物，以及穷究万物的理与充分发挥人性的关键，自有圣贤的训诫明明白白的可以参考，应当循序渐进地通晓，在此就不再详细说明。

第二节　衣服冠履

【导读】

《汉书·艺文志》云："儒家者流，盖出于司徒之官，助人君顺阴阳明教化者也。"可见儒家主于明教化。毫无疑问，在诸子百家之中，儒家最重视礼仪教化。孔子说："质胜文则野；文胜质则史；文质彬彬，然后君子。"对于儒家来说，人不仅要有朴实的内涵，也要有优雅的外表。对儿童来说，首先能够模仿学习的莫过于外表形象。第一节主要从衣服鞋帽角度提出要求，要儿童做到身体端正、衣服整洁、节俭等，其中蕴含的深意是养成主敬习惯。人必须心里充满尊敬、敬畏，才能做到对自己的身体收敛不放纵，对外物做到珍惜、节俭。下面分三部分进行译注。

大抵为人，先要身体端整①，自冠巾衣服鞋袜，皆须收拾爱护，常令洁净整齐。我先人②常训子弟云："男子有三紧，谓头紧、腰紧、脚紧。"头谓头巾③，未冠④者总髻⑤；腰谓以绦⑥或带束腰；脚谓鞋袜。此三者要紧束，不可宽慢⑦。宽慢则身体放肆不端严⑧，为人所轻贱⑨矣。

【注释】

① 端整：端庄整齐。

② 先人：去世的长辈。这里指朱熹的父亲朱松。

③ 头巾：古代成年男子的头发会用头巾包起来。

④ 冠：把帽子戴在头上。古代男子二十岁时会举行冠礼，表示已成年。

⑤ 总髻（jì）：即总角。古时儿童将头发梳成两股扎起来，向上分开，形状如角，故称总角。

⑥ 绦（tāo）：用丝线编织成的带子。

⑦ 宽慢：谓蓬松散乱。

⑧ 放肆不端严：不端庄严谨。

⑨ 轻贱：轻视。

【译文】

做人首先身体要端正，穿戴要整齐。从头巾、衣服、鞋袜开始，都要收拾爱护，使之保持洁净整齐。我父亲在世时教育我说："男人身上三个地方必须绑紧，说的是头紧、腰紧、脚紧。""头紧"就是头巾要包紧，未成年人头上就梳总髻；"腰紧"说的是用布条或布带绑腰；"脚紧"说的是鞋子袜子要穿紧。这三个地方要绑紧，不能蓬松散乱。蓬松散乱则身体就会显得不端庄、不严谨，这样会被别人轻视。

凡着衣服，必先提整衿领①，结两衽②纽带，不可令有阙落③。饮食照管④，勿令污坏⑤；行路看顾⑥，勿令泥渍。凡脱衣服，必齐整折叠箱箧⑦中，勿散乱顿放⑧，则不为尘埃杂秽所污，仍易于寻取，不致散失。着衣既久，则不免垢腻，须要勤勤洗浣⑨，破绽则补缀⑩之，尽补缀无害，只要完洁。

【注释】

① 衿（jīn）领：古代服装下连到前襟的衣领。

② 衽（rèn）：衣襟。

③ 阙（quē）落：缺漏，遗漏。

④ 照管：照看。

⑤ 污坏：污染败坏。

⑥ 看顾：看管，照看。

⑦ 折叠箱箧（qiè）：折叠，将平面的东西折起叠合。箱箧，指盛放衣服的箱子。

⑧ 顿放：安置；放置。

⑨ 洗浣（huàn）：洗涤。

⑩ 补缀：缝补。

【译文】

　　凡是穿衣服，一定要先提起衣领，系好衣服两边的扣子，不能漏扣。吃饭时要当心身上的衣服，不能让它受到菜汤、油脂的污染、损坏；走路时也要留意，不能让泥水溅到身上。凡是脱下的衣服，一定要整齐地折叠好放在箱子里，不要没条理乱堆乱放，这样就不会被灰尘和其他脏东西污染，容易寻找，不至于丢失。衣服穿久了，就不免有污垢或油渍之类，要常常清洗，破损裂开的衣服要补好。缝补不会影响美观，只要整齐、干净就可以了。

　　凡盥面①，必以巾帨②遮护衣领，卷束两袖，勿令有所湿。凡就劳役，必去上笼衣服，只着短便③，爱护勿使损污④。凡日中所着衣服，夜卧必更⑤，则不藏蚤虱⑥，不即敝坏⑦。苟能如此，则不但威仪⑧可法，又可不费衣服。晏子⑨一狐裘⑩三十年，虽意在以俭化俗，亦其爱惜有道也。

此最饬身^⑪之要，毋忽。

【注释】

① 盥（guàn）面：洗脸。

② 巾帨（shuì）：用于擦拭的手巾，用来擦不干净的东西，在家的时候挂在门上，外出时系在身上。

③ 短便：轻便的衣服，指把外衣脱掉后穿在里面的短衣。

④ 损污：损坏、污染。

⑤ 更：更换。

⑥ 蚤虱（zǎo shī）：跳蚤和虱子。

⑦ 敝坏：破败，损坏。

⑧ 威仪：庄重的容貌举止。

⑨ 晏子：名婴，字平仲，春秋时齐国夷维（今山东高密）人。晏婴历任齐灵公、齐庄公、齐景公三朝的卿相，辅政长达50余年。孔子曾赞曰："救民百姓而不夸，行补三君而不有，晏子果君子也！"

⑩ 狐裘：用狐皮制的外衣。

⑪ 饬（chì）身：整治，整顿，修饰。

【译文】

凡是洗脸时，一定要用毛巾遮挡衣领，卷起两袖，以免沾湿衣服。凡是劳动时，一定要脱去长衣，只穿短的衣服，并且要小心爱护，不要让它受到损坏、污染。凡是白天穿的衣服，到了晚上睡觉时一定要更换，这样就不会藏着虱子和跳蚤，衣服也不会那么快破旧、损坏。如果做到这些，不仅端庄严谨的容貌可以使人效法，而且也不浪费衣服。晏子一件狐皮做的衣服穿了三十多年，虽然他是想用节俭来教育人们改变风俗，但也是因为他懂得爱惜衣物的方法。这是修养自身的关键，不能忽视。

第三节　语言步趋

【导读】

当我们刚到陌生环境观察陌生人时，首先看到的是他的穿着打扮，其次就会观察他的言谈举止，这些初步印象反映的往往是一个人日常的礼仪修养。《童蒙须知》第二节是对儿童在不同场合、面对不同对象时说话的声音、姿态以及走路的方式等细节做出的要求。

凡为人子弟①，须是常低声下气②，语言详缓③，不可高言喧閧④，浮言戏笑⑤。父兄长上有所教督⑥，但当低首听受，不可妄自议论。长上检责⑦，或有过误，不可便自分解⑧，姑且隐默⑨，久却徐徐细意条陈⑩，云此事恐是如此，向者当是偶尔遗忘，或曰当是偶尔思省⑪未至。若尔⑫，则无伤忤⑬，事理自明。至于朋友分上，亦当如此。

【注释】

①子弟：儿童、晚辈、学生。

②低声下气：这里指态度谦恭。

③详缓：和缓。详，通"祥"。

④高言：高声说话。喧閧（hòng）：古同"哄"，喧闹。

⑤浮言：无根据的话。戏笑：玩笑；嬉笑。

⑥教督：教导督促。

⑦检责：检查。

⑧分解：分辨，解释。

⑨ 隐默：沉默不说话。

⑩ 细意：仔细，细心。条陈：一条一条陈述、说明。

⑪ 思省（xǐng）：想清楚，想明白。

⑫ 若尔：如此，如果这样。

⑬ 伤忤（wǔ）：伤害，触犯。

【译文】

凡是儿童，一定要态度谦恭，说话要轻声慢语、语速和缓，不可大声喧闹，也不能说没有根据的话或玩笑。当父亲、兄长和老师对自己教诲时，应该虚心聆听，不可妄加议论。即使长辈的责备可能有误会，也不要马上辩解，应该暂时保持沉默，等事情过了一段时间，再慢慢仔细地跟长辈逐条解释，说这事恐怕是这样，过去所发生的错误可能是长辈不小心遗漏，或者说应当是偶然没考虑到。如果这样，就不会忤逆长辈，事理就自然明了。对待朋友，也应当如此。

凡闻人所为不善①，下至婢仆违过②，宜且包藏③，不应便尔声言④，当相告语，使其知改。凡行步趋跄⑤，须是端正，不可疾走跳踯⑥。若父母长上有所唤召⑦，却当疾走而前，不可舒缓⑧。

【注释】

① 不善：不好的事。

② 违过：犯了过错。

③ 包藏：包容、隐藏。

④ 便尔：马上。声言：声称，声张。

⑤ 趋跄（qiāng）：步履有节奏的样子。

⑥ 跳踯（zhí）：上下跳跃。

⑦ 唤召：即"召唤"。

⑧ 舒缓：迟缓。

【译文】

凡是听到有人做了不好的事，或者家里的仆人有过错，应当加以掩饰，不应该随便声张出去。应该私下告诉对方，让他知道改正。凡是走路要端正有规矩，不能快速奔跑、上下跳跃。如果父母长辈召唤，就应该快速跑到他们跟前，不能迟缓。

第四节　洒扫涓洁

【导读】

洒扫应对是中国儿童传统教育的必要课程，古时候的蒙学将之融入礼仪教育当中。对传统儒家来说，礼仪不仅仅是社会公共场合的"表演"，更是每一个人在日常生活中养成的良好习惯。《童蒙须知》非常注重儿童日常生活习惯的养成，古人认为一个从小养成勤快又利索的生活习惯的儿童，更能适应成人社会中的各种环境。

凡为人子弟，当洒扫居处之地，拂拭①几案，当令洁净。文字②笔砚、凡百器用③，皆当严肃④整齐，顿放有常处，取用既毕，复置元所。父兄长上坐起处，文字纸札⑤之属，或有散乱，当加意⑥整齐，不可辄自取用。凡借人文字，皆置簿抄录主名，及时取还。窗壁几案文字间，不可书字。前辈云："坏笔污墨，瘝⑦子弟职。书几书砚，自黥⑧其面。"此为最不雅洁⑨，切宜深戒。

【注释】

① 拂拭：擦拭，拂去灰尘。

② 文字：诗文、文章。

③ 凡百：一切；一应。器用：器皿用具。

④ 严肃：严谨而有法度。

⑤ 纸札：文书。

⑥ 加意：注重；特别注意。

⑦ 瘝（guān）：旷废。

⑧ 黥（qióng）：在人身体上刺刻花纹，并涂上颜料。

⑨ 雅洁：雅致高洁。

【译文】

　　凡是儿童，应当打扫所住的地方，擦拭书桌家具，保持干净整洁。文章、书籍、笔墨、砚台和其他生活用品，都应当摆放整齐，按照生活习惯有规律地摆放，用完之后要放回原处。父亲兄长经常坐的地方，书籍和文书之类，如果放得凌乱，要特别留心收拾整齐，但不可擅自取用。凡是向别人借的书，要在本子上记下主人的名字及所借书的名称，看完后及时归还。窗户、墙壁、茶几和书籍上不能随便写字。老一辈的人说："弄坏笔，墨汁到处污染，是儿童没有尽到职分。在书桌、砚台上刺刻、涂抹图形文字，就像在脸上画画一样难看。"这是最不雅观的事，一定要避免。

第五节　读书写文字

【导读】

　　孔子以"博文""约礼"教人，所以儒家教育儿童不仅有礼仪教育，还要有文化教育。朱熹是理学家中最重视读书的人。与《读书法》相较，《童蒙须知》对儿童的要求主要限于读书姿势要端正；读书态度要专一；读书要达到背诵的程度；写字要认真；对书籍要有敬畏之心等。本节分为两部分进行译注。

凡读书，须整顿①几案，令洁净端正。将书册整齐顿放，正身体对书册，详缓看字，子细②分明。读之，须要读得字字响亮，不可误一字，不可少一字，不可多一字，不可倒一字，不可牵强暗记③。只是要多诵遍数，自然上口，久远不忘。古人云："读书千遍，其义自见④。"谓熟读则不待解说，自晓其义也。余尝谓读书有三到:谓心到、眼到、口到。心不在此，则眼不看子细，心眼既不专一，却只漫浪⑤诵读，决不能记，记亦不能久也。三到之中，心到最急。心既到矣，眼口岂不到乎?

【注释】

① 整顿：整理。

② 子细：即"仔细"。

③ 牵强：即勉强。暗记：默记。

④ 见（xiàn）：同"现"，出现，显现，显露。

⑤ 漫浪：放纵而不受世俗拘束，这里是随意的意思。

【译文】

凡读书时，必须先整理书桌，保持桌面干净整洁。然后把书摆放整齐，读书的时候，身体要正对着书本，慢慢阅读，仔细分辨字音字形。读书要字字读得响亮，不能读错一个字，不能少读一个字，不能多读一个字，不能颠倒一个字，不能勉强默记。只要朗诵多遍，自然而然就顺口成诵，长时间都不会忘记。古人说："读书千遍，其义自见。"意思是书读得熟了，无须老师讲解，就知道它的意思了。我曾经说过读书要三到：心到、眼到、口到。心不在书上，那么看书就不仔细；心眼既然不专一，肯定只是泛泛而读，绝对记得不牢，即使一时记住也不能长久。三到当中，心到最重要。心既然到了，眼睛、嘴巴哪里会不到呢？

凡书册，须要爱护，不可损污绉折①。济阳江禄②，书读未完，虽有急速③，必待掩束④整齐然后起，此最为可法。凡写文字，须高执墨锭⑤，端正研磨，勿使墨汁污手。高执笔，双钩⑥端楷书字，不得令手指着毫⑦。凡写字，未问写得工拙⑧如何，且要一笔一画，严正分明，不可潦草。凡写文字，须要子细看本，不可差讹⑨。

【注释】

① 损污：损坏，弄脏。绉折（zhòu zhé）：指造成或留下折叠的痕迹。

② 济阳江禄：江禄，约南朝梁武帝天监六年（507）前后在世，济阳考城人。这是朱熹引用《颜氏家训》中的典故。

③ 急速：指仓促间发生的事。

④ 掩束：把打开的书合上，放进函套中。

⑤ 墨锭（dìng）：写书法时用的墨块。

⑥ 双钩：沿字的笔迹两边用细劲的墨线勾出轮廓。

⑦ 手指着毫：《居家必用事类全集》《说郛》本"指"作"揩"。揩：擦拭，这里是接触的意思。毫：毛笔上的毫毛。

⑧ 工拙：优劣，这里指字写得好或不好。

⑨ 差讹：差错、错误。

【译文】

凡是书籍都要爱护，不可损坏、弄脏、折叠等。以前济阳人江禄一本书没有读完，即使遇到急事要去做，一定要把所读的书合起来摆放整齐，然后再起身离开，这种方法值得我们学习。凡是写字，一定要抓住墨锭的上方，端端正正地研墨，不能让墨汁沾到手上。手握毛笔的上端，用双钩法端正写楷书，不能让手指接触到笔头的毫毛。凡是写字，不管写得是否漂亮，必须一笔一画地写，做到字体端正，笔画分明，不可潦草。凡是抄写文章，须要仔细对照原本，不能出现误差。

第六节　杂细事宜

【导读】

这一节主要是儿童日常行为规范，前面四节着重提出正确的行为要求，这里就涉及诸多禁忌，包括日常起居、社会交往礼仪等行为规范。从这些规范中可以看出中国的"礼仪之邦"绝非一日一人所能成就的。媒体常常曝光一些现代中国人在公共场合文明礼仪欠缺的情况，殊不知这是从小缺乏引导的缘故。下面分为四段进行译注。

凡子弟，须要早起晏[①]眠。凡喧哄争斗之处不可近，无益之事不可为。谓如赌博、笼养、打球、踢球、放风禽[②]等事。

【注释】

① 晏：迟。

② 风禽：即风筝，古代风筝多制作成禽鸟状。

【译文】

凡是儿童一定要早起晚睡。凡是喧闹、争斗的地方不能靠近，无意义的事情不要去做。比如赌博、养宠物、打球、踢球、放风筝等等。

凡饮食，有则食之，无则不可思索①，但粥饭充饥不可阙。凡向火，勿迫近火旁，不惟举止不佳，且防焚爇②衣服。凡相揖③，必折腰④。凡对父母长上朋友，必称名⑤。凡称呼长上，不可以字，必云某丈⑥。如异姓者，则云某姓某丈。凡出外及归，必于长上前作揖，虽暂出亦然。凡饮食于长上之前，必轻嚼缓咽，不可闻饮食之声。凡饮食之物，勿争较多少美恶。凡侍长者之侧，必正立拱手。有所问，则当诚实对，言不可妄⑦。

【注释】

① 思索：思虑索求。

② 焚爇（fén ruò）：即烧毁。

③ 揖（yī）：拱手行礼。

④ 折腰：弯腰。

⑤ 称名：古人一般有"名"有"字"。"名"一般是自称或在君主与长辈面前使用，"字"则是在平辈或朋友间使用。

⑥ 丈：对年长男子的尊称。

⑦ 妄：胡乱、任意；荒诞，无根据。

【译文】

凡是吃喝，如果经济条件允许，就吃喝得好一些，如果条件不具备，就不要老是想着吃好的喝好的。不过，粥饭等基本充饥的东西是不能少的。凡是对着火时，一定不能太靠近火源，不只是举止不雅，更重要的是要提防烧毁衣服。凡是相互拱手行礼时，一定要弯腰。凡是见到父母长辈的朋友，一定要主动报上自己的名。凡是称呼长辈时，不能叫他的字，一定要以某某丈相称。如果是不同姓氏的长辈，就叫某姓某丈。凡是外出后回到家或学校，一定要到父母长辈或老师面前说明外出的原因并行礼，即使暂时外出也要这样。凡是在长辈面前吃饭的时候，一定要轻嚼慢咽，不能发出咀嚼啜饮的声音。对日常饮食，不能计较食物的多少和好坏。凡是陪伴在父母长辈身边，一定要端正站立，双手在胸前相合，以示恭敬。如果长辈问话，一定要诚实回答，不能信口胡说。

凡开门揭帘，须徐徐轻手，不可令震惊声响①。凡众坐，必敛②身，勿广占坐席。凡侍长上出行，必居路之右，住③必居左。凡饮酒，不可令至醉。凡如厕④，必去外衣，下必盥⑤手。凡夜行，必以灯烛，无烛则止。凡待婢仆，必端严⑥，勿得与之嬉笑。执器皿必端严，惟恐有失。凡危险，不可近。凡道路遇长者，必正立拱手，疾趋⑦而揖。凡夜卧，必用枕，勿以寝衣覆首⑧。凡饮食，举匙必置筯⑨，举筯必置匙。食已，则置匙筯于案⑩。

【注释】

① 震惊声响：发出震动声响。

② 敛：收拢，聚集；约束。

③ 住：停留，停止；住宿，居住。

④ 如厕：上厕所。

⑤ 盥（guàn）：洗。

⑥ 端严：端庄严肃。

⑦ 疾趋：快而轻地小步走上前。

⑧ 寝衣：小被，即夹被。覆首：盖头。

⑨ 筯（zhù）：同"箸"，筷子。

⑩ 案：古代有短脚盛食物的木托盘。

【译文】

凡是开（关）门或掀门帘时，一定要慢，手要轻，不能发出很大的声响。凡是与大家坐在一起，一定要收敛自己的身体，不能多占空间。凡是陪伴长辈外出，一定要走在路的右侧，停下休息或住宿时一定要在左边。凡是饮酒，不能让自己喝醉。凡是上厕所的时候，一定要脱掉外衣，上完厕所后一定要洗手。凡是晚上走路，一定要用灯火照明，没有灯火就不要走。但凡对待奴仆，一定要端庄严肃，不能跟他们打闹开玩笑。端碗、碟、杯、盘等器物时，一定要端正严谨，以免不小心摔坏东西。凡是危险的地方，不能靠近。凡是路上遇到年纪大的人，一定要恭敬地站立双手合于胸前，距离远的则要快而轻地小步上前作揖。凡是夜里睡觉时，一定要使用枕头，不要用被子蒙头。凡是吃饭时，拿起汤匙时一定要放下筷子，拿起筷子时，一定要放下汤匙。吃完之后，要把汤匙和筷子放在木托盘里。

杂细事宜，品目①甚多，姑举其略②，然大概具矣。凡此五篇，若能遵守不违，自不失为谨愿③之士，必又能读圣贤之书，恢大④此心，进德修业⑤，入于大贤君子之域，无不可者。汝曹⑥宜勉之。

【注释】

① 品目：物品的名目。

② 略：简单，简略。

③ 谨愿：诚实。

④ 恢大：弘大，光大。

⑤ 进德修业：增进品德，修养学业。

⑥ 汝曹：你们。

【译文】

　　繁杂细小的事情，种类很多，这里只是简单讲了一些，但大体已经讲得比较全面了。这里共有五篇，如果能遵守而不违背，自然不失为诚实之人。如果又能读圣贤之书，树雄心，立大志，增进德性，提高修养，进而达到君子贤人的境界，这不是不可能的。你们要努力啊！

第六章 《小学》选注

　　《小学》是朱熹主编，由刘清之等弟子参与编写的一部蒙学著作，它既是儿童的儒学入门书，又是理学家存心养性的指导用书。由于它的内容大量取自《礼记》《周礼》《仪礼》等，所以又具有礼书的性质。《小学》在明代深受理学家的重视，出现了大量注释，陈选《小学句读》影响非常广泛，陈选在《序》中说："圣人之道，人伦而已矣，学之必自《小学》始。"明代施璜云："欲入《五经》之堂室，必由《四书》阶梯而上。欲升入《四书》之堂室，必由《近思录》阶梯而上。欲升入《近思录》之堂室，必由《小学》阶梯而上。此《小学》一书所以为万世养正之全书，培大学之基本也。学圣人之学而不务此，如筑室无基，堂构安施乎？故朱子特编是书，以为读书做人基本。"由此可见，朱熹《小学》对蒙学教育乃至封建社会后期的儒家教育体系有着重大意义。《小学》因其内容精练、立意深远，自淳熙十四年（1187）成书后，对中国传统启蒙教育乃至整个教育系统都产生了深远的影响。明太祖令亲王、驸马、太学生咸讲读之。清政府规定"凡童生入学，复试论题，务用《小学》，著在律令"。不仅如此，《小学》在韩国、日本亦得到广泛传播，受到各国统治者和儒者的普遍关注。

　　《小学》分内篇和外篇。内篇分为四部分：立教、明伦、敬身和稽古。其中稽古是摘取古代圣贤的行为，用来充实和证明立教、明伦和敬身。外篇用古代的名言、历史上的故事来说明内篇中所阐述的道理，外篇分为嘉言和善行两大类，每类仍按照立教、明伦、敬身的结构展开。相较于《童蒙须知》的规定,《小学》内容相对复杂、深入。《小学》在《朱子全书》第十三册,下面就从内篇节选 35 章,外篇节选 20 章进行注译。

第一节　立教

【导读】

内篇之立教交代了小学教育的意义、原因、内容和方法等。原文共有 13 章,下面节选 4 章进行注译,关于《内则》章因为原文太长,分为两段进行注译。

《列女传》①曰:古者妇人妊②子,寝不侧③,坐不边④,立不跸⑤,不食邪味⑥,割⑦不正不食,席⑧不正不坐,目不视邪色⑨,耳不听淫声⑩,夜则令瞽⑪诵诗,道正事⑫。如此,则生子形容⑬端正,才⑭过人矣。

【注释】

① 本章出自刘向《列女传·母仪传·周室三母》。 列女:诸女,众妇女。

② 妊(rèn):怀孕。

③ 侧:侧身。

④ 边:使身子偏向一边。古人席地而坐,若身子偏向一边,坐姿就显得不端正。

⑤ 跸(bì):站立时偏于一只脚,只用一只脚支撑身体的重量。

⑥ 邪味:不正之味。

⑦ 割:切肉。

⑧ 席:坐席。

⑨ 邪色:不正之色。

⑩淫声：不正之声。

⑪瞽（gǔ）：盲、瞎，这里指懂音乐能诵诗的盲人。

⑫正事：合于礼制的事。

⑬形容：形体容貌。

⑭才：才能，才智。

【译文】

《列女传》说：古代妇人怀孕，不侧着身子睡，不偏向一边坐着，站立时不用一只脚支撑身体，不吃不正的味道，肉切得不方正就不吃，席摆设得不正就不坐，眼睛不看不正的颜色，耳朵不听不正的音乐，晚上叫懂音乐能诵诗的盲人，说一些合乎礼制的故事。这样生出的孩子，形体和容貌就端正，才智也会超过众人。

《内则》①曰：凡生子，择于诸母②与可者，必求其宽裕慈惠③、温良恭敬、慎而寡言者，使为子师。子能食食④，教以右手；能言，男"唯"女"俞"⑤；男鞶革，女鞶丝⑥。六年，教之数与方名⑦。七年，男女不同席，不共食⑧。八年，出入门户及即席⑨饮食，必后长者⑩，始教之让。九年，教之数日⑪。十年，出就外傅⑫，居宿于外，学书计⑬，衣不帛襦裤⑭。礼帅⑮初，朝夕学幼仪⑯，请肄简谅⑰。十有三年，学乐诵诗舞《勺》⑱。成童⑲，舞《象》⑳，学射御。二十而冠㉑，始学礼，可以衣裘帛㉒，舞《大夏》㉓。惇㉔行孝弟，博学不教，内㉕而不出。三十而有室㉖，始理男事㉗。博学无方㉘，孙友㉙视志㉚。四十始仕㉛，方物出谋发虑㉜，道合则服从㉝，不可则去。五十命为大夫，服官政㉞。七十致事㉟。

【注释】

①本章出自《礼记·内则》。 内则：指家庭之内，言谈举止、道德

操守的法则。

②诸母：众位母亲。古代一夫多妻，夫之所有妻妾，合称诸母。

③宽裕慈惠：宽容仁爱，慈祥贤惠。

④食（sì）食：吃饭。

⑤男唯：男孩子快速答应。唯，应答之声。女俞：女孩子缓缓答应。俞，应答之词。

⑥鞶（pán）：系衣服的带子。革：皮。丝：丝帛。

⑦方名：方位名称，如东西南北等。

⑧不共食：指食不共器。

⑨即席：就席，入席。

⑩后长者：在长者之后。

⑪数日：计算日子，如朔、望、六甲等。

⑫外傅：家庭之外的老师。

⑬书计：写字和计算。

⑭衣不帛襦（rú）裤：不穿丝织品制成的上衣和裤子。

⑮帅：遵循。

⑯幼仪：幼童侍奉长者的礼仪。

⑰请：向老师请示，请求。肄（yì）：练习，学习。简谅：简要的事情与诚实守信的态度。

⑱舞《勺》（zhuó）：手执乐器跳文舞。《勺》，指《诗经·周颂·酌》，是赞美周武王的诗歌。

⑲成童：指十五岁以上的儿童。

⑳舞《象》：手执干戈跳武舞。《象》，指一种手执干戈的舞蹈。

㉑冠（guàn）：戴帽。古代男子二十岁行成人礼，结发戴冠。

㉒衣（yì）裘（qiú）帛：穿上皮衣和丝制品。

㉓《大夏》：大禹时的乐名，其乐文武兼备。

㉔惇（dūn）：淳厚，质朴。

㉕内（nà）：通"纳"，容纳，接受。

㉖室：妻。

㉗男事：指耕种及服差役之类的事。

㉘方：常，固定的。

㉙孙（xùn）友：孙，通"逊"。指与友相处，要谦逊退让。

㉚视志：观察志向所在。

㉛仕：出任官职。

㉜方物：根据情况。出谋发虑：谋划思考。

㉝服从：指服道从君。

㉞服官政：统理一官的大政。

㉟致事：退休，把所管的政事还给君主。

【译文】

《内则》说：大凡产子之后，在众妾和可担任保姆的女子中，选择具有宽裕、慈惠、温良、恭敬的美德，并且谨慎而不多话的人，叫她担任孩子的老师。孩子能自己吃饭时，要教他们用右手。能说话时，教男孩回答的声音须快速，教女孩回答的声音须缓慢。系腰带时，男孩要用皮带，女孩要用丝带。到了六岁，教孩子数数，教他们辨别方位。到了七岁，男孩女孩不能坐在同一个坐席上，不能共用一个器皿吃饭。到了八岁，孩子出入门户，就席饮食，必须让长者在先，开始教孩子谦让的礼节。到了九岁，教孩子计算日子，例如初一、十五、六甲等。到了十岁，男孩外出，跟从老师，住在外面，学习写字和算术，不许穿丝帛制成的衣服。遵行原先学过的礼节，从早到晚开始学习侍奉长者的礼仪，向老师请教如何处理简要的事情。到了十三岁，学习音乐，学习诵诗，唱着《勺》诗跳文舞。到了十五岁，唱着《象》诗跳武舞，学习射箭骑马。二十岁加冠以示成人，开始学习吉、凶、军、宾、嘉五礼。可以穿裘衣、帛衣，伴着《大夏》之乐既跳文舞又跳武舞。诚笃地孝敬父母，友爱兄弟，广博地学习各种知识，但还不能教育别人。把美德蕴藏于内心，不向外炫耀才能。三十岁娶妻成家，开始料理耕种、服役之类的事。这时广泛学习，不必有固定的老师和固定的内容。与朋友和顺相处，并了解他们的志向。四十岁开始出仕任职，根据事物的自然之理来定计谋、出主意。如果君臣之间道义相合，那就在国君手下做事；如果道义不合，那就离开官位。五十岁受命为大夫，统理一官的大政，参与邦国大事。七十岁告老退休。

女子十年不出①，姆②教婉娩③听从。执麻枲④，治丝茧⑤，织纴组紃⑥，学女事⑦，以共⑧衣服。观于祭祀，纳⑨酒浆⑩笾豆⑪菹⑫醢⑬，礼相助奠⑭。十有五年而笄⑮，二十而嫁。有故⑯，二十三年而嫁。聘⑰则为妻，奔⑱则为妾。

【注释】

① 十年不出：指女孩子十岁起就不出家门，处于闺门之内。

② 姆：女教师。

③ 婉娩（miǎn）：语言柔和，容貌温顺。

④ 枲（xǐ）：麻中结子的称为枲。

⑤ 丝茧：剥茧抽丝。

⑥ 织纴（rèn）组紃（xún）：织与组，纺织的意思。纴，编织布帛的丝缕。紃，圆形绦带。

⑦ 女事：女子所做之事，指上面的执麻枲、治丝茧、织纴组紃等。

⑧ 共：通"供"。

⑨ 纳：进献。

⑩ 酒浆：酒和醋。

⑪ 笾（biān）豆：祭祀时盛放祭品的礼器。用竹制作的称为笾，用木制作的称为豆。

⑫ 菹（zū）：腌菜。

⑬ 醢（hǎi）：肉酱。

⑭ 奠：陈设酒食进行祭祀。

⑮ 笄（jī）：簪子，古代女子行成年礼，将笄插在头上，表示已成年。

⑯ 有故：指遭逢父母之丧。

⑰ 聘：指按照礼节纳币聘问而出嫁。

⑱ 奔：指未经聘问而出嫁。

【译文】

女孩子到了十岁，就养在深闺，不再外出。女教师教导她们言语柔和、表情温顺，听从长者。教她们绩麻、养蚕、纺丝、织布等妇女该做的事，以供制作衣服。要教她们祭祀时，如何装好酒、醋、腌菜、肉酱等祭品，如何摆设笾、豆等礼器，以备将来协助祭祀之礼。到了十五岁，加笄礼以示成人，可以许嫁。到了二十岁，可以出嫁。如果此时遭逢父母之丧，就延期到二十三岁再出嫁。如果男方以礼聘问而嫁的，就是正妻，如果不是以礼聘问而嫁的，叫作奔，只能做妾（无法享受正妻的权利和待遇）。

《曲礼》①曰：幼子常视②毋诳③，立必正方④，不倾听⑤。

【注释】

① 本章出自《礼记·曲礼上》。曲礼：详细的礼节。

② 视：通"示"，教育的意思。

③ 毋（wú）：不要。诳（kuáng）：欺骗。

④ 正方：正对着一个方向。

⑤ 倾听：侧耳而听。

【译文】

《曲礼》说：教育小孩，要用正面的道理引导他，不要欺骗他，站立时，正对着一个方向，听别人说话时，不要侧着耳朵。

孔子曰①：弟子入则孝，出则弟②，谨而信，泛③爱众而亲仁④，行有余力⑤，则以学文⑥。

【注释】

① 本章出自《论语·学而》。

② 弟（tì）：通"悌"，敬爱兄长。

③ 泛：广泛。

④ 亲仁：亲近有仁德之人。

⑤ 余力：闲暇之时。

⑥ 文：指《诗》《书》《礼》《易》《春秋》之类的文献典籍。

【译文】

孔子说：弟子们在家里孝顺父母，出门敬重兄长，言语谨慎规范，行为诚实可信，友爱众人，亲近有仁德之人，这样践行之后，还有余力，就用来学习文献知识。

第二节　明伦

【导读】

　　明伦是儒家教育的核心问题，是封建社会政教合一的基础。所谓明伦就是明白五种基本的社会伦理关系，分别是父子之亲，君臣之义，夫妇之别，长幼之序，朋友之交。明伦是《小学》内篇的重中之重，分为上下两篇，上篇集中论述父子之亲，由此可见父子之亲的重要性。明伦节共有106条，此处节选22条，包括父子之亲8条，君臣之义3条，长幼之序6条，朋友之交5条。考虑到时代差异，未选夫妇之别的内容。

父子之亲

　　《曲礼》①曰：凡为人子之礼，冬温而夏凊②，昏定而晨省③。出必告，反必面④。所游必有常⑤，所习必有业⑥。恒言⑦不称老。

【注释】

　　① 本章出自《礼记·曲礼上》。

　　② 冬温而夏凊（qìng）：冬天要使父母暖和，夏天要使父母凉爽。凊，清凉。

　　③ 定：安置被褥。省（xǐng）：问安。

　　④ 告：禀告。反：通"返"，回来。面：面告。

　　⑤ 常：固定的地方。

　　⑥ 业：作业，学业。

　　⑦ 恒言：平时说话。

【译文】

大凡做儿子的礼节,冬天一定要使父母温暖,夏天一定要使父母凉爽。晚上为父母安顿好被褥,早晨向父母问安。出门一定要向父母禀告,归来立即面告父母。出游有固定的地方,学习都有作业可考查。平时说话不自称老。

《礼记》[①]曰:孝子之有深爱者,必有和气;有和气者,必有愉色[②];有愉色者,必有婉容[③]。孝子如执玉,如奉盈[④],洞洞属属然[⑤],如弗胜[⑥],如将失之。严威俨恪[⑦],非所以事亲也。

【注释】

① 本章出自《礼记·祭义》。

② 愉色:和悦的脸色。

③ 婉容:和顺的仪容。

④ 奉(pěng)盈:捧着满满的水。奉,通"捧"。

⑤ 洞洞:虔诚恭敬的样子。属属:忠诚专一的样子。

⑥ 胜(shēng):担任,承受。

⑦ 严威:庄重肃穆。 俨恪:严肃正经。

【译文】

孝子对父母有深挚的爱心,自然会从内心发出和顺的声气;有和顺的声气,自然表现出愉悦的神色;有愉悦的神色,自然会有温顺的仪容。孝子侍奉父母,像是拿着贵重的玉器,像是捧着满满的水,虔诚恭敬,忠诚专一,似乎沉重得捧不起来又怕失手落下。子女如果做出严肃正经的样子,那就不适于用来侍奉双亲。

《曲礼》^①曰：凡为人子者，居不主奥^②，坐不中席^③，行不中道，立不中门^④。食飨^⑤不为概^⑥，祭祀不为尸^⑦。听于无声，视于无形^⑧。不登高，不临^⑨深，不苟訾^⑩，不苟笑。

【注释】

① 本章出自《礼记·曲礼上》。

② 主奥：坐于尊位。奥，屋内西南角，平时为尊者所坐之处。

③ 中席：坐席的中部，一张坐席同时坐四人，则席端为尊者，如独坐，则坐席中部为尊者所坐。

④ 中门：门的两阃（niè）之中。两阃之中，是尊者出入的地方。

⑤ 食（sì）飨：宴请宾客。

⑥ 概：计算食物数量的量具，引申为限制、裁定。

⑦ 尸：祭祀者代替受祭者称为尸，一般由幼童充任。子若为尸，祭祀时要接受父亲之拜，是不敬的。

⑧ 形：行动。

⑨ 临：面临。

⑩ 苟（gǒu）：苟且，随便。訾（zī）：诋毁，非议。

【译文】

凡是作为子女的，不占据家中尊长之位，不坐在席位当中，不走在道路的中间，不站在大门的中间。侍奉父母、宴请宾客，不自作主张去限定数量，祭祀时不充任神主。父母虽没有说话，也要注意听着，等候父母的吩咐；父母虽没有动作，也要注意看着，揣摩父母的意旨。不攀爬高处，不面对深渊，不可随便讥评，不可随便嬉笑。

孔子曰^①：父母在，不远游^②，游必有方^③。

【注释】

① 本章出自《论语·里仁》。

② 游：游历，游憩。

③ 方：方向，处所。

【译文】

孔子说：父母健在，子女不出门远游，无论远游还是近游，都要告知父母自己所去的地方。

《士相见礼》① 曰：凡与大人② 言，始视面③，中视抱④，卒⑤ 视面，毋改。众皆若是⑥。若父⑦，则游目⑧，毋上于面，毋下于带⑨。若不言，立则视足，坐则视膝。

【注释】

① 本章出自《仪礼·士相见礼》。

② 大人：地位高、辈分尊的人。

③ 面：脸面。

④ 抱：胸。

⑤ 卒：终，最终。

⑥ 众皆若是：与众多的大人交谈，都采用这种礼仪。

⑦ 若父：像父亲那样的人，比喻长辈。

⑧ 游目：移动目光。

⑨ 带：腰带。

【译文】

凡是和地位高、辈分尊的人谈话，起初要看他的脸，之后看他的胸，最后再看他的脸，不要改变自己的仪容姿势。和众多的长辈在一起，还是采用这种礼仪。如果和与父亲同辈的人谈话，目光不能高过脸面，也不能低于腰带。与父亲同辈的人如果不说话，站着就看他的脚，坐着就看他的膝。

《内则》①曰：父母有过，下气②怡色③，柔声④以谏⑤。谏若不入，起⑥敬起孝。说⑦，则复谏⑧；不说，与其得罪于乡党州闾⑨，宁孰谏⑩。父母怒，不说⑪而挞⑫之流血，不敢疾怨⑬，起敬起孝。

【注释】

① 本章出自《礼记·内则》。

② 下气：气息和顺。

③ 怡色：脸色和悦。

④ 柔声：声音柔和。

⑤ 谏（jiàn）：规劝。

⑥ 起：悚然，兴起，更加振作。

⑦ 说（yuè）：通"悦"，高兴。

⑧ 复谏：反复规劝。

⑨ 乡党州闾（lú）：二十五家为闾，五百家为党，二千五百家为州，一万二千五百家为乡。

⑩ 孰谏：反复恳切地规劝。

⑪ 不说（yuè）：不高兴。

⑫ 挞（tà）：鞭打。

⑬ 疾怨：怨恨。

【译文】

《内则》说：父母有过失，子女要低声下气，和颜悦色地规劝。如果父母不听，子女要更加孝敬。等到父母高兴了，就再去规劝。如果父母因规劝而不高兴，子女与其因父母过错而得罪乡党邻里，宁可自己因反复恳切地规劝而得罪父母。如果父母发怒不高兴，把子女打得头破血流，子女也不能怨恨父母，反而要对父母更加孝敬。

孔子^①曰：父母生之，续莫大焉^②。君亲^③临之，厚^④莫重焉。是故不爱其亲而爱他人者，谓之悖^⑤德；不敬其亲而敬他人者，谓之悖礼。

【注释】

① 本章出自《孝经·圣治章》。

② 续：承续，传接。 焉：相当于"于此"，在这件事上。

③ 君亲：指父母亲。

④ 厚：深厚，深重。

⑤ 悖（bèi）：违背，违反。

【译文】

孔子说：父母生养了你，自己承续了父母的身体血统，是父母生命最大的延续。父母如同君主对待臣子一样严格地教育管理你，是人伦中最大的厚爱。所以不爱自己的父母而去爱别人的父母，这叫作违背道德。不敬爱自己的父母而去敬爱别人的父母，这叫作违背礼义。

孟子^①曰：世俗所谓不孝者五：惰其四支^②，不顾父母之养，一不孝也。博弈好饮酒^③，不顾父母之养，二不孝也。好货财，私妻子^④，不顾父母之养，三不孝也。从耳目之欲^⑤，以为父母戮^⑥，四不孝也。好勇斗狠^⑦，以危父母，五不孝也。

【注释】

① 本章出自《孟子·离娄下》。

② 惰：懒惰。支：通"肢"。

③ 博弈（yì）：赌博下棋。好（hào）饮酒：嗜好喝酒。

④ 私：偏私，偏爱。妻子：妻子和儿女。

⑤ 从（zòng）：通"纵"，放纵。耳目之欲：声色欲望。

⑥ 戮（lù）：羞辱，羞耻。

⑦ 好勇斗狠：好逞勇武，以狠争胜。狠，暴戾。

【译文】

孟子说：世俗所说的不孝一般有五种：四肢懒惰，不顾念父母的供养，这是一不孝。赌博下棋，嗜好喝酒，不顾念父母的供养，这是二不孝。喜好钱财，偏私妻室儿女，不顾念父母的供养，这是三不孝。放纵声色欲望，使父母因此受到耻辱，这是四不孝。好逞勇敢，凶狠斗殴，危及父母，这是五不孝。

君臣之义

君使①臣以礼，臣事②君以忠。

【注释】

① 本章出自《论语·八佾》。使：役使。

② 事：侍奉。

【译文】

君主要遵循礼制来役使臣子，臣子要尽心尽力去侍奉君主。

大臣以道^①事君，不可^②则止。

【注释】

① 本章出自《论语·先进》。道：正道，圣贤之道。

② 不可：不认可，不听从。

【译文】

作为一个大臣，必须用正道来侍奉君主，君主不认可，就辞职不干。

子路^①问事君，子曰："勿欺也，而犯^②之。"

【注释】

① 本章出自《论语·宪问》。子路：仲由，字子路，春秋末鲁国卞人，孔子弟子，因曾为季氏家臣，故又称季路。

② 犯：指敢冒犯君主的威严而极力劝谏。

【译文】

子路问如何侍奉君主，孔子说："不要欺骗他，但可以当面冒犯规劝他。"

长幼之序

孟子^①曰：孩提之童^②，无不知爱其亲也；及其长也，无不知敬其兄也。

【注释】

① 本章出自《孟子·尽心上》。

② 孩提：开始会笑的幼儿。

【译文】

孟子说：两三岁会笑的小孩，没有不爱他们父母的；等到年纪稍大些，没有不知道敬爱他们哥哥的。

徐行后长^①者谓之弟^②，疾行^③先长者谓之不弟。

【注释】

① 本章出自《孟子·告子下》。徐行：慢走。后长：在长者后面。

② 弟（tì）：通"悌"，敬爱兄长、顺从长上叫作悌。

③ 疾行：快走。

【译文】

在长者的后面跟着慢慢行走，这就是善于侍奉长者。在长者的前面快快地行走，这就是不善于侍奉长者。

从^①于先生，不越路^②而与人言。遭^③先生于道，趋^④而进，正立拱手^⑤。先生与之言则对，不与之言则趋而退。从长者而上丘陵，则必乡^⑥长者所视。

【注释】

① 本章出自《礼记·曲礼上》。 从：跟随。

② 越路：离开原路到路旁去。

③ 遭：遇见，遇到。

④ 趋：快步走。

⑤ 正立：端正站立。拱手：拱手表示敬意。

⑥ 乡（xiàng）：通"向"，面向，朝着。

【译文】

跟随先生时，不要离开原路而到路旁去与别人说话。在路上遇到先生，要快步走上前，端正站立，拱手表示敬意。先生跟你说话，才能回答，如果没有跟你说话，就赶紧快步退到一边。跟随长辈上山冈时，视线要朝着长辈看的方向。

将即席，容毋怍①。两手抠衣②，去③齐④尺。衣毋拨⑤，足毋蹶⑥。先生书策⑦琴瑟在前，坐⑧而迁⑨之，戒勿越⑩。坐必安⑪，执⑫尔颜。长者不及，毋儳⑬言。正尔容⑭，听必恭，毋剿⑮说，毋雷同⑯。必则古昔⑰，称先王⑱。

【注释】

① 本章出自《礼记·曲礼上》。怍（zuò）：因羞愧而改变脸色。

② 抠（kōu）衣：提起衣裳。

③ 去：距离。

④ 齐（zī）：衣裳的下摆。

⑤ 拨：扬起，掀动。

⑥ 蹶（jué）：急走。

⑦ 书策：书籍简策。

⑧ 坐：此处指跪着。古人席地而坐，坐的时候臀部置于足后跟上，若有所动作时，则提臀直腰，变为跪姿。

⑨ 迁：移开，挪开。

⑩ 越：跨越。

⑪ 安：安定，安稳。

⑫ 执：保持。

⑬ 傀（chán）言：别人话未说完，就从中插话。

⑭ 正尔容：端正你的仪容。尔，指弟子。

⑮ 剿（chāo）说：抄袭别人的话当作自己的话。

⑯ 雷同：附和别人的话。

⑰ 则：法则，效法。古昔：古代。

⑱ 先王：一般特指历史上尧、舜、禹、汤等贤圣君王。

【译文】

弟子去见先生后，走回自己的座席，不要改变脸色。双手提起衣服，让衣服下摆离地一尺，以免踩着下摆而跌倒。上衣不要掀飞，走路不要急促。先生的书籍、琴瑟若挡在面前，要跪着将它们移开，不要跨越过去。弟子坐着姿态要安稳，要保持着原先的样子。先生的话没有说到的，弟子不可从中插话。端正自己的仪容，听先生说话时要恭恭敬敬。不要抄袭剽窃别人的学说，也不要随便附和别人。弟子说话，要效法古代的正道，称引过去圣贤君主的教诲。

侍坐①于先生，先生问焉，终则对②。请业则起③，请益④则起。

【注释】

① 本章出自《礼记·曲礼上》。侍坐：陪坐。

② 终：话说完。对：回答。

③ 请业：请教学业上的问题。起：站立，站起来。

④ 请益：继续问未完的问题。

【译文】

弟子陪坐在先生面前，先生向弟子提问，要等先生的话说完，才能站起来回答。弟子向先生提问，要站起来。如果还要接着问，也还要站起来。

尊客之前不叱①狗，让食不唾②。侍坐于君子，君子欠伸③，撰④杖屦，视日蚤莫⑤，侍坐者请出矣。

【注释】

① 本章出自《礼记·曲礼上》。叱（chì）：大声呵斥。

② 不唾（tuò）：不吐唾沫。

③ 欠伸：打呵欠，伸懒腰。这是疲倦的表现。

④ 撰（zhuàn）：持，拿。

⑤ 蚤莫（zǎo mù）：早晚。蚤，通"早"；莫，通"暮"。

【译文】

在尊贵的客人面前，声音要和顺，即使是面对狗，也不可以大声呵叱，向客人让食的时候，不要吐唾沫。在君子身旁陪坐，如果他打呵欠、伸懒腰、拿手杖、穿鞋子、看天色的早晚，这时陪坐的人就应该请求退出。

朋友之交

孔子①曰：朋友切切偲偲②，兄弟怡怡③。

【注释】

① 本章出自《论语·子路》。

② 切切：恳切。偲（sī）偲：劝勉详尽。

③ 怡（yí）怡：和气喜悦。

【译文】

孔子说：朋友之间恳切周到，详加劝勉，兄弟之间和气喜悦。

孟子①曰：责善②，朋友之道也。

【注释】

① 本章出自《孟子·离娄下》。

② 责善：劝勉从善。责，要求，劝勉。

【译文】

孟子说：用善来相互劝勉，这就是结交朋友的准则。

子贡①问友，孔子曰："忠告②而善道③之，不可则止④，无自辱⑤焉。"

【注释】

① 本章出自《论语·颜渊》。子贡：端木赐，字子贡，春秋卫国人，孔子弟子。

② 忠告：尽心劝告。

③ 善道（dǎo）：委婉引导。道，通"导"。

④ 止：停止。

⑤ 自辱：自取其辱，自讨没趣。

【译文】

子贡问如何对待朋友，孔子说："尽心尽力地劝告他，委婉地引导他，朋友若不认可，你就停止，不要自取其辱。"

益者三友，损①者三友。友直②、友谅③、友多闻④，益矣；友便辟⑤、友善柔⑥、友便佞⑦，损矣。

【注释】

① 本章出自《论语·季氏》。 损：有害，伤害。

② 直：正直。

③ 谅（liàng）：诚实，守信。

④ 多闻：见识广博。

⑤ 便（pián）辟：熟于礼仪而不正直。

⑥ 善柔：善于谄媚取悦别人而不守信。

⑦ 便佞（pián nìng）：善于言辞但缺乏实际见识。

【译文】

孔子说：有益的朋友有三种，有害的朋友有三种。与正直的人交朋友，与守信的人交朋友，与见识广博的人交朋友，便有益处。与只讲礼仪而不正直的人交朋友，与善于谄媚取悦别人却不守信的人交朋友，与花言巧语而没见识的人交朋友，便有损害。

孟子①曰：不挟②长，不挟贵，不挟兄弟而友。友也者，友其德也，不可以有挟也。

【注释】

① 本章出自《孟子·万章下》。

② 挟（xié）：有所倚仗。

【译文】

孟子说：交朋友不倚仗自己年纪大，不倚仗自己地位高，不倚仗自己兄弟的势力和富贵。结交朋友，是因为朋友的品德而去交他，因此心中不能存有任何有所倚仗的念头。

第三节　敬身

【导读】

敬身，指用恭敬的态度来持守自身。它分为四种类目，分别是"心术""威仪""衣服""饮食"。心术是端正内心，威仪是端正外表，如果做好这两点，敬身的总体目标就达到了。衣服与饮食，是用来奉养身体的，如果不能用义来节制，用礼来约束，可能反而会戕害身体。本书选 15 条，分别为心术之要 5 条，威仪之则 6 条，衣服之制 2 条，饮食之节 2 条。

序

孔子① 曰："君子无不敬也，敬身② 为大。身也者，亲之枝也③，敢不敬与④？不能敬其身，是伤其亲；伤其亲，是伤其本；伤其本，枝从而亡。"仰圣模⑤，景贤范⑥，述此篇以训蒙士⑦。

【注释】

① 参见《礼记·哀公问》。

② 敬身：敬重自身，指用敬的态度来持守自身。

③ 亲之枝也：子辈的身体是从双亲的根本上长出的分枝。

④ 与（yú）：同"欤"，表疑问语气。

⑤ 仰：仰慕。模：模范。

⑥ 景：景仰。范：模范，榜样。

⑦ 训蒙士：教育儿童。

【译文】

孔子说："君子对一切都应该敬重，尤其以敬重自身最为重要。自己的身体，是从父母亲这个根上长出的分枝，敢不敬重吗？不能敬重自身，就是伤害了父母；伤害了父母，就等于伤害了根本；伤害了根本，分枝也就灭亡了。"我仰慕圣人的模范，景仰贤人的榜样，编述了这篇《敬身》，用以教育儿童。

心术之要

《丹书》①曰：敬②胜怠③者吉，怠胜敬者灭。义④胜欲⑤者从⑥，欲胜义者凶⑦。

【注释】

① 本章出自《大戴礼记·武王践阼》。丹书：用朱笔书写的文字。这段文字是尚父吕望授予周武王的，内容为约束君主之言。

② 敬：谨慎，敬畏。

③ 怠：怠慢。

④ 义：至公的天理。

⑤ 欲：人的私欲。

⑥ 从：顺利。

⑦ 凶：灾祸。

【译文】

《丹书》说：谨慎敬畏战胜了松懈怠慢就会吉祥如意，松懈怠慢战胜了谨慎敬畏就会自取灭亡。至公的天理战胜了人的私欲就事事顺利，人的私欲战胜了至公的天理就会带来灾祸。

《曲礼》① 曰：毋不敬②，俨③ 若思，安定辞④，安民⑤ 哉。敖⑥ 不可长，欲不可从⑦，志不可满，乐不可极⑧。贤者狎⑨ 而敬之，畏⑩ 而爱之。爱而知其恶，憎而知其善。积⑪ 而能散⑫，安安⑬ 而能迁⑭。临⑮ 财毋苟⑯ 得，临难⑰ 毋苟免⑱。狠⑲ 毋求胜，分⑳ 毋求多。疑事毋质㉑，直㉒ 而勿有㉓。

【注释】

① 本章出自《礼记·曲礼上》。

② 毋（wú）：不要。　敬：恭敬。

③ 俨（yǎn）：端庄。

④ 安定辞：说话准确安详。

⑤ 安民：使百姓安定。

⑥ 敖（ào）：同"傲"，骄傲，傲慢。

⑦ 从（zòng）：通"纵"，放纵。

⑧ 极：穷极，极尽。

⑨ 狎（xiá）：亲近。

⑩ 畏：心服。

⑪ 积：积聚财物。

⑫ 散：施予别人，赈济贫困。

⑬ 安安：安于安乐的事物。

⑭ 迁：迁移，改变。

⑮ 临：面对。

⑯ 苟：苟且，随便。

⑰ 难（nàn）：危难。

⑱ 免：逃避。

⑲ 狠：争执。

⑳ 分：分配财物。

㉑ 质：证实，证成。

㉒ 直：正确。

㉓ 有：自夸懂得正确的事理。

【译文】

《曲礼》说：凡事都要恭敬严谨，态度端庄持重如同在思考一样，说话时言语准确安详，这样就能使百姓安定下来。傲慢的心思不可滋长，个人私欲不可放纵，不断求善，内心不可自满，享乐不可过分。贤德之人，能亲近敬重别人，能内心佩服并且爱慕别人。对于自己喜爱的人，能分辨出他的短处，对于自己厌恶的人能分辨出他的长处。能积聚财富，也能施舍财富赈济贫困，能安于安乐地生活，又能随变化而一心向善。面对财物不随便获取，面临危难不随便逃避。与人争执不必求胜，分配财物不必求多。对有疑问的事，不必臆断证实，对正确的事理不必自夸懂得。

出门如见大宾①，使民如承大祭②。己所不欲，勿施③于人。

【注释】

① 本章出自《论语·颜渊》。 大宾：重要的客人。

② 承：承担。大祭：重大的祭祀。

③ 施：施加，强加。

【译文】

出门办事如同会见贵宾，役使别人如同承担重大的祭祀。自己不想要的，不要强加给别人。

君子有九思^①：视思明，听思聪，色思温，貌思恭，言思忠，事思敬，疑思问，忿^②思难^③，见得^④思义^⑤。

【注释】

① 本章出自《论语·季氏》。 九思，指下面九种要注意的事项。

② 忿（fèn）：发怒，动怒。

③ 难（nàn）：灾难，祸患。

④ 见得：面对利益。

⑤ 义：道义，义理。

【译文】

君子有九个方面要多加考虑：看的时候要考虑是否看清楚了，听的时候要考虑是否听得明白，脸色要考虑是否温和，容貌要考虑是否恭敬，说话要考虑是否忠诚，做事要考虑是否专心，有疑问要考虑怎么向别人请教，发火动怒要考虑会产生什么样的祸患，得到利益要考虑是否符合道义。

孔子^①曰：君子食无求饱，居无求安。敏^②于事而慎于言，就有道^③

而正^④焉，可谓好学^⑤也已。

【注释】

① 本章出自《论语·学而》。

② 敏：勤勉，勤快。

③ 有道：有道之人。

④ 正：改正。

⑤ 好（hào）学：喜爱学习。

【译文】

孔子说：君子饮食不追求饱足，居住不追求安逸。做事敏捷勤快，说话谨慎，向有道之人求教，改正自己的错误，这种人可以称得上好学了。

威仪之则

《礼记》^①曰：君子之容^②舒迟^③，见所尊者齐遬^④。足容重^⑤，手容恭^⑥，目容端^⑦，口容止^⑧，声容静^⑨，头容直^⑩，气容肃^⑪，立容德^⑫，色容庄^⑬。

【注释】

① 本章出自《礼记·玉藻》。

② 容：仪态。

③ 舒迟：舒泰迟缓。

④ 齐遬（sù）：谨饬而不放肆。

⑤ 重：稳重。

⑥ 恭：恭敬而不轻慢。

⑦ 端：端庄。

⑧ 止：不妄言妄笑。

⑨ 静：不咳吐。

⑩ 直：端正而不斜顾。

⑪ 肃：肃穆。

⑫ 德：有德行有修养的气象。

⑬ 庄：庄重矜持。

【译文】

《礼记》说：君子的仪态要舒泰迟缓，见到尊长要肃然起敬。行走要稳重，举止要恭敬，目光端庄，口不妄言，声气安静不咳不吐，头不偏斜，神情严肃，站立不偏斜显现得有修养，面色端庄矜持。

《曲礼》①曰：凡视，上于面则敖②，下于带③则忧，倾④则奸⑤。

【注释】

① 本章出自《礼记·曲礼下》。

② 敖（ào）：同"傲"，傲慢。

③ 带：腰带。

④ 倾：目光倾斜。

⑤ 奸：心术不正。

【译文】

《曲礼》说：看人，视线高于对方面孔，就显得神情傲慢，视线低于对方腰带，就显得忧心忡忡，目光斜视，就显得心术不正。

孔子①食不语，寝②不言。

【注释】

① 本章出自《论语·乡党》。

② 寝（qǐn）：睡，卧。

【译文】

孔子进食的时候不交谈，睡觉的时候不说话。

《论语》① 曰：席② 不正不坐。

【注释】

① 本章出自《论语·乡党》。

② 席：座席。

【译文】

《论语》说：坐席摆得不端正，不坐。

《论语》① 曰：寝不尸②，居③ 不容④。

【注释】

① 本章出自《论语·乡党》。

② 尸：仰面躺着，像尸体一样。

③ 居：居家。

④ 容：端正仪容，修饰仪容。

【译文】

《论语》说：睡觉时，不要仰面躺着，像死人一样，居家时，不必刻意端正仪容。

《少仪》^①曰：执虚^②如执盈^③，入虚^④如有人。

【注释】

①本章出自《礼记·少仪》。

②执虚：拿着空的器皿。

③执盈：拿着装满东西的器皿。

④入虚：进入空的房间。

【译文】

《少仪》说：拿着空的器皿要像拿装满东西的器皿一样，进入空房间要像进入有人的房间一样。

衣服之制

《曲礼》^①曰：为人子者，父母存^②，冠衣不纯素^③。孤子^④当室^⑤，冠衣不纯采^⑥。

【注释】

①本章出自《礼记·曲礼上》。

②存：在世。

③纯（zhǔn）：指冠和衣的镶边。素：白。

④孤子：年少丧父或无父母者。古代三十岁以下无父称为孤。

⑤当室：主持家事。

⑥采：彩色。

【译文】

《曲礼》说:父母在世时,做儿子的,戴的帽子和穿的衣服不敢镶白边。若是孤子继承父业,主持家事,虽已除了丧服,但帽子和衣服仍然不敢镶彩边。

孔子①曰:士志于道②而耻恶衣恶食③者,未足与议也。

【注释】

① 本章出自《论语·里仁》。

② 志于道:内心立志追求圣贤之道。

③ 耻恶衣恶食:以吃穿不好为羞耻。

【译文】

孔子说:士人内心立志追求圣贤之道,但又以吃穿不好而羞耻,这种人是不值得同他谈论圣贤之道的。

饮食之节

《少仪》①曰:燕②侍食于君子,则先饭③而后已④。毋放饭⑤,毋流歠⑥。小饭⑦而亟⑧之。数噍⑨,毋为口容⑩。

【注释】

① 本章出自《礼记·少仪》。

② 燕:通"宴",宴饮。

③ 先饭:先替君子尝饭。

④ 后已(yǐ):君子吃完之后,自己才停止进食。已,停止。

⑤ 放饭:无节制地进食。

⑥ 流歠（chuò）：指一口气喝下去。

⑦ 小饭：小口进食。

⑧ 亟（jí）：快咽。

⑨ 嚼（jiào）：咀嚼。

⑩ 口容：鼓腮、咂嘴等形状。

【译文】

《少仪》说：晚辈陪君子宴饮进食时，要先替君子尝饭，等君子吃完之后，自己才停止进食。不要大口吃饭，不能大口喝汤。进食要小口快吞。咀嚼的次数要多，不要鼓腮、咂嘴，弄出各种奇怪的样子。

孟子^①曰：饮食之人^②则人贱^③之矣，为其养小^④以失大^⑤也。

【注释】

① 本章出自《孟子·离娄下》。

② 饮食之人：指专为口腹享受的人。

③ 贱：看轻，看不起。

④ 小：指口腹。

⑤ 大：指心志。

【译文】

孟子说：专门为了享受口腹欲望的人，人们会看不起他，是由于这种人保养了口腹却失去了心志。

第四节　稽古

【导读】

稽古，指考察古代的事迹。本节考察古代圣人贤人的事迹，用以佐证前面三节"立教""明伦""敬身"中所说的道理，此处节选了7条，分别是立教3条，明伦2条，敬身2条。

立　教

孟轲①之母，其舍②近墓。孟子之少也，嬉戏③为墓间之事④，踊跃筑埋⑤。孟母曰："此非所以居子⑥也。"乃去⑦。舍市⑧，其嬉戏为贾衒⑨。孟母曰："此非所以居子也。"乃徙⑩。舍学宫⑪之旁，其嬉戏乃设俎⑫豆，揖让进退⑬。孟母曰："此真可以居子矣。"遂⑭居之。孟子幼时问东家⑮杀猪何为，母曰："欲啖⑯汝。"既而⑰悔曰："吾闻古有胎教，今适有知⑱而欺之，是教之不信。"乃买猪肉以食之⑲。既长就学⑳，遂成大儒㉑。

【注释】

①本章出自《列女传·母仪传·邹孟轲母》。轲，孟子的名。

②舍：家，住处。

③嬉（xī）戏：玩耍。

④墓间之事：办理丧事。

⑤踊跃：跳跃号哭。筑埋：筑墓埋葬。

⑥居子：让儿子居住。

⑦ 去：离开，搬离。

⑧ 舍市：住家靠近集市。

⑨ 贾衒（gǔ xuàn）：买卖，做生意。贾指坐商，衒是沿街叫卖。

⑩ 徙（xǐ）：迁移，搬家。

⑪ 学宫：学校。

⑫ 俎（zǔ）豆：祭祀、宴会时的礼器。俎用以盛肉，豆用以盛食物。

⑬ 揖（yī）让：宾主相见的礼仪。进退：前进与后退，是古代的礼节。

⑭ 遂：于是，就。

⑮ 东家：或指东邻，或指孟母租住的房东。

⑯ 啖（dàn）：给人吃。

⑰ 既而：不久，一会儿。

⑱ 适有知：才有知识，刚知道事情。

⑲ 食之：给他吃。

⑳ 就学：入学，从师学习。

㉑ 大儒：儒学大师。

【译文】

　　孟子的母亲，住家靠近墓地。孟子小的时候，他就模仿墓间的丧事，跳跃号哭，筑墓埋葬。孟母说："这不是我儿子居住的地方。"就搬离此地。后来的住房靠近集市，孟子就模仿商人做买卖。孟母说："这不是我儿子居住的地方。"于是又搬到学校旁边住下。孟子就模仿陈设礼器，学习揖让进退的礼节。孟母才说："这才是适合我儿子居住的地方。"他们就一直住在学校旁边。孟子幼小时问，东家为什么杀猪，孟母说："要给你吃。"过一会儿就后悔了，说："我听说古代有胎教，现在儿子刚刚懂事，就欺骗他，这是教他不诚实。"于是就买猪肉给孟子吃。孟子长大后拜师求学，最终成为儒学大师。

孔子尝独立^①，鲤^②趋^③而过庭，曰："学《诗》乎？"对曰："未也。""不学《诗》，无以言^④。"鲤退而学《诗》。他日^⑤又独立，鲤趋而过庭，曰："学《礼》乎？"对曰："未也。""不学《礼》，无以立^⑥。"鲤退而学《礼》。

【注释】

① 本章出自《论语·季氏》。独立：单独一人站立。

② 鲤：孔鲤，字伯鱼，孔子的儿子。

③ 趋：快步走。

④ 言：表达，说话。

⑤ 他日：某一天，另一天。

⑥ 立：立身处世。

【译文】

孔子曾经独自一人站在庭院中，孔鲤从他面前快步经过庭院，孔子问："学过《诗》了吗？"孔鲤回答说："没有。"孔子说："不学习《诗》，在公共场合就不能很好地表达。"孔鲤退下去就开始学《诗》。又一天，孔子又独自一人站在庭院中，孔鲤从他面前快步经过庭院，孔子问："学《礼》了吗？"孔鲤回答说："没有。"孔子说："不学习《礼》，无法立身于世。"孔鲤退下去就开始学礼。

孔子谓伯鱼^①曰："女^②为^③《周南》《召南》^④矣乎？人而不为《周南》《召南》，其犹正墙面而立^⑤也与！"

【注释】

① 本章出自《论语·阳货》。 伯鱼：孔子儿子孔鲤之字。

②女（rǔ）：通"汝"，你。

③为：学习。

④《周南》《召（shào）南》：《诗经·国风》中的诗篇。

⑤正墙面而立：面对着墙壁站立。

【译文】

孔子对伯鱼说："你学习了《周南》《召南》没有？人如果不学习《周南》《召南》，他就如同面对着墙壁站着。"

明 伦

公明宣①学于曾子，三年不读书。曾子曰："宣而居参之门②，三年不学，何也？"公明宣曰："安③敢不学？宣见夫子居庭④，亲在⑤，叱咤之声⑥未尝至于犬马。宣说⑦之，学而未能⑧。宣见夫子之应⑨宾客，恭俭⑩而不懈惰。宣说之，学而未能。宣见夫子之居朝廷⑪，严临下⑫而不毁伤⑬。宣说之，学而未能。宣说此三者，学而未能。宣安敢不学而居夫子之门乎？"

【注释】

①本章出自《说苑·反质》。公明宣：公明为姓，宣为名，春秋后期鲁国人，曾子学生。

②居：在，停留。参：曾子名参。门：此处指学习的处所，后来又指学术思想或宗教的派别。

③安：哪里，怎么。

④居庭：在家里。

⑤亲在：如果双亲在场。

⑥叱咤（chì zhà）：大声呵斥。

⑦说（yuè）：通"悦"，喜欢。

⑧ 未能：没有学到，没有做到。

⑨ 应：应酬，应对。

⑩ 恭俭：恭谨、节俭。

⑪ 朝廷：此处指办公场所。

⑫ 临下：对待属下。

⑬ 毁伤：伤害。

【译文】

公明宣向曾子求学，三年来没有读书。曾子说："公明宣你在我的门下，三年都不学习，这是为什么？"公明宣说："哪里敢不学习呢？我看到老师在家里，父母在的时候，连对狗和马都没有大声地呵斥。我喜欢老师对自己父母的孝顺，赶紧学但学不到。我看到老师应酬宾客时，恭敬节俭不松懈怠慢。我喜欢老师接待宾客的敬意，赶紧学但学不到。我看见老师在办公场所严格对待属下但又不伤害他们。我喜欢老师的慈爱，赶紧学但学不到。我在老师的门下，哪里敢不学习啊？"

孔子①曰：晏平仲②善与人交，久而敬之。

【注释】

① 本章出自《论语·公冶长》。

② 晏平仲：晏子，名婴，字平仲，春秋时齐国大夫，著名的政治家。

【译文】

孔子说：晏平仲善于与人结交，时间越长，人们越敬重他。

敬　身

孔子^①曰：衣敝缊袍^②与衣狐貉^③者立而不耻^④者，其由也与^⑤！

【注释】

① 本章出自《论语·子罕》。

② 衣（yì）：穿。敝：破旧。缊（yùn）袍：内衬乱麻旧絮的袍子。

③ 狐貉（mò）：狐皮貉绒做成的裘衣。

④ 不耻：不觉得羞耻。

⑤ 其：大约。 由，孔子的弟子子路。与（yú）：同"欤"，语气词。

【译文】

孔子说：穿着破旧的袍子与穿着狐貉裘衣的人站在一起，而不觉得羞耻，大约只有仲由了吧？

孔子^①曰：贤哉回^②也！一箪^③食，一瓢饮，在陋巷^④，人不堪^⑤其忧，回也不改其乐。贤哉回也！

【注释】

① 本章出自《论语·雍也》。

② 回：颜回，字子渊，春秋时鲁国人，孔子弟子。

③ 箪（dān）：盛饭食的竹器。

④ 陋巷：简陋的巷子。

⑤ 不堪：不能忍受，受不了。

【译文】

孔子说：颜回多么贤良啊！用箪盛饭吃，用瓢盛水喝，居住在简陋的巷子里，别人不能忍受这种贫困，颜回却不改变他的快乐。颜回多么贤良啊！

第五节 外篇

【导读】

《小学》外篇是用古人的名言、历史上的故事，来证明内篇中所阐述的道理。外篇分为"嘉言"和"善行"两大部分，"嘉言"和"善行"又分"立教""明伦""敬身"进行论述。本书节选 35 条进行译注。嘉言指美好的语言，以言为主，叙述了汉朝以来贤人们符合法则的言语，用以扩充《小学》内篇中"立教""明伦"和"敬身"的内容，所以称"广立教""广明伦""广敬身"。嘉言篇节选 24 条，其中广立教 4 条，广明伦 11 条，广敬身 9 条。善行是指善良的行为，以行为主，主要收集了汉朝以来贤人的善行，用以充实《内篇》中的"立教""明伦""敬身"，以"实立教""实明伦""实敬身"为小目。本书节选 11 条，包括实立教 1 条，实明伦 3 条，实敬身 7 条。

序

《诗》①曰："天生烝②民，有物有则③。民之秉彝④，好是懿⑤德。"孔子曰⑥："为此诗者，其知道⑦乎！故有物必有则⑧。民之秉彝也，故好是懿德。"历⑨传记，接⑩见闻，述⑪嘉言⑫，纪善行⑬，为《小学》外篇⑭。

【注释】

①"天生烝民"四句，出自《诗经·大雅·烝民》。

②烝（zhēng）：众。

③物：事物。 则：法则。

④秉（bǐng）：握着，持着。彝（yí）：常道，长久的天性。

⑤懿（yì）：美好。

⑥"孔子曰"数句，出自《孟子·告子上》。

⑦知道：通晓天地之道，深明人世之理。

⑧有物必有则：有一定的事物，就有一定的行事法则。

⑨历：完整，完全。

⑩接：承接，接受。

⑪述：记述。

⑫嘉言：符合法则的言语。

⑬善行：符合法则的事。

⑭外篇：旧时一种书籍篇目分类，是相对于"内篇"而言的，"内篇"主要指论著中的主要部分，为作者要旨之所在，外篇则属余论或附论性质。

【译文】

《诗经》说："上天生下民众，有一种事物，就有这一事物的法则。民众秉持上天赋予的常性，因而喜欢这美好的品德。"孔子读到这诗，就称赞说："写此诗的人，应该是深深地通晓民众天性中有美德的道理吧！所以有事物就有法则。民众秉持着上天赋予的常性，就自然喜欢这种美德。"我完整地考查远古以来的传记材料，接续近古以来的所见所闻，叙述古人符合法则的言语，记录前人符合法则的事迹，作为《小学》的外篇。

嘉 言
广立教

横渠张先生①曰：教小儿，先要安详恭敬②。今世学③不讲，男女从幼便骄惰④坏了，到长益凶狠⑤。只为未尝为子弟⑥之事，则于其亲⑦已有物我⑧，不肯屈下⑨。病根⑩常在，又随所居⑪而长，至死只依旧。为子弟则不能安⑫洒扫应对，接⑬朋友则不能下朋友，有官长则不能下官长，为宰相则不能下⑭天下之贤。甚则至于徇私意⑮，义理⑯都丧。也只为病根不去，随所居所接而长。

【注释】

① 本章出自《张载集·经学理窟·学大原上》及《张载集·张子语录》。横渠张先生：张载，字子厚，宋凤翔郿县横渠镇人，故世称横渠先生，是宋代著名理学家。

② 安详恭敬：端庄谦恭，心存敬畏。

③ 世学：社会和学校。

④ 骄惰：为人自傲，处世怠慢而不合礼节。

⑤ 凶狠：残暴凶恶，粗野乖张。

⑥ 子弟：小孩，后辈。

⑦ 亲：父母。

⑧ 物我：彼此之分。

⑨ 屈下：屈己退让。

⑩ 病根：疾病的根源。

⑪ 所居：所处的环境。

⑫ 安：安心，安于。

⑬ 接：结交。

⑭ 下：屈己而居人之下，谦虚退让。

⑮ 徇私意：顺从自己的私心。

⑯ 义理：合于伦理道德的法则。

【译文】

横渠张先生说：教育小孩，先要教他们端庄谦恭、心存敬畏。如今社会和学校都不知讲求学习，男男女女从小就骄傲自大，怠慢别人，把自己的本性弄坏了，长大成人，更是残暴凶恶，粗野无理。这是因为小时候没有做好应该做的事，对于父母，已有彼此之分，不肯屈己谦让。毛病的根源没去掉，随着环境的变化，毛病更加滋长，直到快死了，毛病还是照旧。做小孩时不安心于洒扫应对的职事，结交朋友时不肯谦让屈己，官长在上时又不肯屈己礼让，做了宰相时又不愿尊敬天下的贤人。甚至于只顾顺从自己的私欲，丧失了伦理道德，这些都是由于病根未除，随着环境、地位的变化，以及结交不同的人，毛病日渐增长造成的。

《杨文公家训》①曰：童稚②之学，不止记诵，养其良知良能③，当以先入之言④为主。日记故事⑤，不拘今古，必先以孝弟忠信礼义廉耻等事，如黄香扇枕⑥、陆绩怀橘⑦、叔敖阴德⑧、子路负米⑨之类，只如俗说，便晓此道理。久久成熟⑩，德性⑪若自然⑫矣。

【注释】

①本章参见刘清之《戒子通录》卷五所引《杨文公家训》。杨文公：杨亿，字大年，北宋建州浦城人，谥为文，故称杨文公。

②童稚（zhì）：儿童。

③良知：人天性中本身就具有的能判断善恶的观念。良能：人天性本身就具有的能力。

④先入之言：指自小就常常听到的话。

⑤日记：每天记下。故事：从前的事例。

⑥黄香扇枕：黄香，字文强，汉代江夏人，他尽心侍奉父母，夏天为父亲扇枕，冬天为父亲暖被。

⑦陆绩怀橘：陆绩，字公纪，东汉人，六岁时到袁术家做客，袁术用橘子招待他，他将橘子带回给母亲吃。

⑧叔敖阴德：叔敖即孙叔敖，春秋时楚国人，他小时出游，见到一条双头蛇，将蛇打死，回家后，对着母亲哭泣，母亲问他为什么哭泣，他说："人家说见到双头蛇的人会死，我看见了。"母亲问那条蛇在哪里，他说："我担心别人看见也会死去，就把它杀死埋了。"母亲说："上天会赐福给有阴德的人，你肯定不会死。"

⑨子路负米：子路，姓仲名由，字子路，孔子的学生，由于家贫，他自己吃粗劣的食物，去百里之外背来精米给父母吃。

⑩成熟：发展到完善的程度。

⑪德性：上天赋予的仁、义、礼、智等美德。

⑫自然：天然，天生。

【译文】

《杨文公家训》说：儿童幼小时要学的，不仅限于记忆背诵，更要培养他们的良知良能，让幼童常常听闻美德，使这些美德能主导幼童的心思。每天记一些前人的事例，不管是古代的还是现代的，必须用能体现孝悌、忠信、礼义、廉耻的例子，像黄香扇枕、陆绩怀橘、叔敖阴德、子路负米之类，只需通俗地说去，让孩子知晓道理就行。久而久之，孩子内心的美德就会完善起来，就像是天然生成一样了。

陈忠肃公①曰：幼学之士，先要分别人品②之上下③，何者是圣贤④所为之事，何者是下愚⑤所为之事。向善背恶⑥，去彼取此⑦，此幼学所当先⑧也。颜子、孟子⑨，亚圣⑩也，学之虽未至，亦可为贤人。今学者若能知此，则颜、孟之事，我亦可学。言温而气和，则颜子之不迁⑪，渐可学矣。过而能悔，又不惮⑫改，则颜子之不贰⑬，渐可学矣。知埋蔼⑭

之戏不如俎豆⑮，念慈母之教至于三迁⑯，自幼至老，不厌不改⑰，终始一意，则我之不动心⑱，亦可以如孟子矣。若夫立志不高，则其学皆常人之事，语及颜、孟，则不敢当也。其心必曰："我为孩童，岂敢学颜、孟哉！"此人不可以语上⑲矣。先生长者见其卑下⑳，岂肯与之语哉！先生长者不肯与之语，则其所与语皆下等人也。言不忠信，下等人也；行不笃㉑敬，下等人也；过而不知悔，下等人也；悔而不知改，下等人也。闻下等之语，为下等之事，譬如坐于房舍之中，四面皆墙壁也，虽欲开明㉒，不可得矣。

【注释】

① 本章出自吕祖谦《辨志录》。 陈忠肃公：陈瓘，字莹中，号了翁，宋延平沙县人，谥忠肃。

② 人品：人的品格。

③ 上下：上指圣贤，下指下愚。

④ 圣贤：圣人与贤人的合称，指品德高尚、才智超凡的人。

⑤ 下愚：极愚笨的人。

⑥ 向善背恶：亲近善人，避开恶人。

⑦ 去彼取此：除掉恶的，选择善的。

⑧ 先：摆在首位。

⑨ 颜子、孟子：颜回与孟轲。

⑩ 亚圣：次一等的圣人。

⑪ 不迁：不迁怒于别人。

⑫ 惮（dàn）：害怕，畏惧。

⑬ 不贰：不犯两次相同的错误。《论语·雍也》："有颜回者好学，不迁怒，不贰过。"

⑭ 埋鬻（yù）：孟子幼时居于墓场之旁就学埋葬之事，居于市场之旁就学买卖之事。埋，埋葬。鬻，卖出。

⑮ 俎（zǔ）豆：盛肉的礼器叫作俎，盛食物的礼器叫作豆。

⑯ 三迁：孟母为了便于孟子的成长，迁居三次。

⑰ 不厌不改：学习不自满，守志不改变。

⑱ 不动心：守持本心，不为外物所动。

⑲ 语（yù）上：告诉他上等的道理。语，告诉，交谈。

⑳ 卑下：人品低下。

㉑ 笃（dǔ）敬：笃厚敬肃。

㉒ 开明：开通明智，通达事理。

【译文】

陈忠肃公说：初学的儿童，先要分别人品的高下，要知道什么是圣贤所做的事，什么是愚人所做的事。分辨清楚之后，自然会一心一意地亲近善人，避开恶人。选择善德，除去恶行，这是初学者最该关注的。现在的学者如果能做到这些，那么颜子、孟子的事迹也是能做到的。如果言语能温顺，心气能平和，那么颜回不迁怒的优点，就可以渐渐学到。如果有过失，不害怕改正，那么颜回不贰过的优点，就可以渐渐学到。如果知道埋死人卖货物的游戏比不上陈列礼器的游戏，体悟到母亲为了孩子的成长而三次迁居的教诲，自然就会从小到老坚持学习，守志不改，也就可以像孟子一样守住本心不被外物诱惑。若是立志不高，所学之事无非是一般人的事，谈起颜回、孟子，就说不敢当。他心里想："自己还是个小孩，怎敢学习颜回、孟子呢？"这种人自然就无法告诉他上等的智慧和道理了。老师长辈们看到这种小孩志向低下，也就不肯与他交谈。老师长辈们不肯与他接触，那他接触到的只能是下等愚人。下等愚人言语不忠诚可信，操行不笃厚敬肃，有了过错，不肯改正。一个小孩，听的是下等愚人的话，做的是下等愚人的事，就如同坐在屋里，四面都是墙壁，即使想成为一个通达事理的人，肯定无法做到。

诸葛武侯《戒子书》^①曰：君子之行^②，静以修身，俭以养德。非澹泊^③无以明志^④，非宁静无以致远^⑤。夫^⑥学须静也，才须学也。非学无以广才，非静无以成学。慆慢^⑦则不能研精^⑧，险躁^⑨则不能理性^⑩。年与时驰^⑪，意与岁去^⑫，遂成枯落^⑬，悲叹穷庐^⑭，将复何及也！

【注释】

① 本章出自《诸葛亮集》。诸葛武侯：诸葛亮，字孔明，琅琊人，为蜀汉丞相，谥忠武侯，后世以"武侯"尊称。

② 行：品行。

③ 澹（dàn）泊：澹，安静。澹泊，恬淡寡欲，淡泊名利。

④ 明志：表明心志。

⑤ 致远：实现远大的目标。

⑥ 夫（fú）：发语词，用于句首，无实义。

⑦ 慆（tāo）慢：怠慢。

⑧ 研精：研究精微之理。

⑨ 险躁：轻薄浮躁。

⑩ 理性：修养德性。

⑪ 年与时驰：年龄随着时间的流逝而增长。

⑫ 意与岁去：意志随着岁月的流逝而消磨。

⑬ 枯落：像枯叶一样凋落。

⑭ 穷庐：贫贱者居住的房屋。

【译文】

诸葛武侯写家书告诫儿子说：君子培养品行，用宁静来修养身心，用节俭来培养德行。若不能恬淡寡欲、看轻名利，就无法表明心志，内心不宁静，就无法实现远大的目标。学习必须宁静，才干必须学习。不学习就无法增广才干，不宁静就无法成就学业。内心怠慢就无法研究精微之理，轻薄急躁就无法修养自己的德性。年龄随着时间的流逝而增长，意志随着岁月的流逝而消磨，最终就像枯叶一样凋落，只能守着简陋的房舍发出悲叹，后悔又怎么来得及啊！

广明伦

司马温公^①曰：凡诸卑幼^②，事无大小，毋得专行，必咨禀^③于家长^④。

【注释】

①本章出自司马光《书仪》。 司马温公：司马光，字君实，北宋陕州夏县人，赠温国公，故称司马温公。

②卑幼：指晚辈、年龄幼小者。

③咨禀（zī bǐng）：请教，禀告。

④家长：一家之主。

【译文】

司马温公说：凡是辈分小年龄小的人，事情无论大小，都不得自作主张，一定要向家长禀告。

凡子受父母之命^①，必籍记^②而佩之^③，时省^④而速行之，事毕则返命^⑤焉。或所命有不可行者，则和色柔声，具^⑥是非利害而白^⑦之，待父母之许，然后改之。若不许，苟^⑧于事无大害者，亦当曲从^⑨。若以父母之命为非而直行己志^⑩，虽所执皆是，犹为不顺^⑪之子，况未必是^⑫乎！

【注释】

① 本章出自司马光《书仪》。父母之命：父母的命令。

② 籍记：用本子记下。

③ 佩之：把它带在身上。

④ 时省（xǐng）：时不时地看一看。

⑤ 返命：复命，回报。

⑥ 具：具体，详细。

⑦ 白：禀告，说明。

⑧ 苟：如果。

⑨ 曲从：委曲顺从。

⑩ 直行己志：直接照自己的想法去做。

⑪ 顺：孝顺。

⑫ 未必是：不一定正确。

【译文】

凡是儿子接受了父母的指令，一定要用本子把它记下来带在身上，及时看看，快快执行。事情做完就立即禀告父母。父母的指令，如果有不可行的，就和颜悦色、柔顺委婉地把是非利害详细地向父母说明，等到父母同意了，才改变做法。如果父母不同意改变指令，而且对事情也没什么大妨碍，就委曲顺从父母。如果认为父母的指令是错的，直接按照自己的想法做，即使做对了，也不算是孝顺的儿子，何况自己的想法还不一定就对呢？

伊川先生^①曰：病卧于床，委^②之庸医^③，比^④之不慈不孝。事亲^⑤者亦不可以不知医。

【注释】

① 本章出自《二程集·河南程氏外书·传闻杂记》，为程伊川语。伊川先生：指程颐。

② 委：委托，交给。

③ 庸医：医术不高明的医生。

④ 比：等同。

⑤ 事亲：侍奉父母。

【译文】

伊川先生说：把病了躺在床上的人交给庸医治疗，如果病的是儿子，等于父母不慈爱；如果病的是父母，等于儿子不孝顺。侍奉父母的人，也不能不懂得一些医理。

横渠先生① 尝曰：事亲奉祭②，岂可使人为之?

【注释】

① 本章出自《张载集·横渠先生行状》。

② 奉祭：祭祀。

【译文】

横渠先生曾经说：侍奉父母，参与祭祀，这两件事怎么可以叫人代替自己去做呢?

伊川先生① 曰：人无父母，生日当倍② 悲痛，更安③ 忍④ 置酒张乐⑤ 以为乐? 若具庆⑥ 者可矣。

【注释】

① 本章出自《二程集·河南程氏遗书·二先生语六》。

② 倍：更加。

③ 安：哪里，怎么。

④ 忍：忍心。

⑤ 置酒张乐：摆下酒席，演奏乐曲。

⑥ 具庆：指父母俱存。具，通"俱"，都。

【译文】

伊川先生说：人如果父母都去世了，到了自己的生日，应当比平时更加悲痛，哪里还忍心摆下酒席演奏音乐呢？如果父母都健在，自己过生日，可以喝点酒听听音乐。

《童蒙训》①曰：当官之法，惟有三事：曰清②，曰慎③，曰勤④。知此三者，则知所以持身⑤矣。

【注释】

① 今本《童蒙训》无本章文字，可参见吕本中《官箴》，又吕祖谦《少仪外传》卷下有此文字，云引自《童蒙训》。

② 清：清正廉洁。

③ 慎：谨慎守法。

④ 勤：勤于职事。

⑤ 持身：立身，修身。

【译文】

《童蒙训》说：当官的方法，只有三件事最重要，那就是：清廉不贪，谨慎守法，勤于职事。知道这三点，就知道如何立身处世了。

司马温公^①曰：凡议昏姻，当先察其婿与妇之性行^②及家法^③如何，勿苟^④慕其富贵。婿苟^⑤贤矣，今虽贫贱，安^⑥知异时不富贵乎？苟为不肖^⑦，今虽富贵，安知异时不贫贱乎？妇者，家之所由盛衰也，苟慕一时之富贵而娶之，彼挟^⑧其富贵，鲜^⑨有不轻其夫而傲其舅姑^⑩，养成骄妒^⑪之性，异日为患，庸^⑫有极乎？借使^⑬因^⑭妇财以致富，依妇势以取贵，苟有丈夫之志气者，能无愧乎？

【注释】

① 本章出自《司马氏书仪·婚仪》。

② 性行：品性与操行。

③ 家法：治家的礼法。

④ 苟（gǒu）：只是。

⑤ 苟：如果。

⑥ 安：怎么。

⑦ 不肖（xiào）：品性不好，没有出息。

⑧ 挟（xié）：倚仗。

⑨ 鲜（xiǎn）：少。

⑩ 舅姑：公公和婆婆。

⑪ 骄妒（dù）：骄矜忌妒。妒，同"妒"。

⑫ 庸：难道，哪里。

⑬ 借使：假如，倘若。

⑭ 因：凭借。

【译文】

司马温公说：凡是商议婚姻，应该首先考察女婿媳妇的品性操行，以及对方治家的礼法，不要只是贪图对方的富贵。女婿如果有品德有才能，即便眼下贫困，怎么知道以后就不富贵呢？女婿如果品德不好，眼下即便富贵，怎么知道将来就不贫贱呢？媳妇关系到家庭的盛衰，如果贪图一时的富贵而娶过来，她倚仗娘家的富贵，很少有不轻视丈夫傲视公婆的，养成骄傲嫉妒的性格，日后的危害，哪里有完啊？假如凭借媳妇的财产而富有，依靠媳妇的势力而高贵，如果还有一点男子汉大丈夫的气概，心中能不感到惭愧吗？

伊川先生①曰：近世浅薄②，以相欢狎③为相与④，以无圭角⑤为相欢爱⑥。如此者，安能久？若要久，须是恭敬。君臣朋友，皆当以敬为主也。

【注释】

① 本章出自《二程集·河南程氏遗书·伊川先生语四》。

② 浅薄：肤浅，多指人的学识、修养等。

③ 欢狎（xiá）：欢乐亲昵。

④ 相与：相互交好的人。

⑤ 圭（guī）角：棱角，锋芒。圭，上尖下方的玉器。

⑥ 欢爱：欢悦喜爱。

【译文】

伊川先生说：世俗见识肤浅的人认为相互亲昵欢爱就是很好的朋友，以为没有棱角圆滑相处就算作欢悦喜爱。像这样，交情怎么会长久？如果要长久，就须要恭敬。凡是君臣之间，朋友之间，都应当以恭敬为主。

横渠先生^①曰:今之朋友,择其善柔^②以相与,拍肩执袂^③以为气合^④,一言不合怒气相加^⑤。朋友之际^⑥,欲其相下^⑦不倦,故于朋友之间,主于敬者,日相亲与^⑧,得效最速。

【注释】

① 本章出自《张载集·经学理窟·气质》。

② 善柔:面色柔媚,阿谀奉承。

③ 执袂(mèi):拉着衣袖。袂,衣袖。

④ 气合:意气相投。

⑤ 加:施加,强加。

⑥ 际:交接,接近。

⑦ 相下:互相谦让。

⑧ 亲与:亲近交好。

【译文】

横渠先生说:现在的人交朋友,常常选择那些善于阿谀奉承的人来结交,相互间拍着肩膀拉着衣袖,认为是情投意合,结果一句话不合意,便把怒气发到对方头上。交结朋友,就是要不厌倦地相互谦让,所以朋友之间要相互恭敬,这样就会一天天地亲密起来,用朋友来辅助自己的仁德,收效最快。

《童蒙训》^①曰:同僚^②之契^③,交承^④之分,有兄弟之义。至其子孙,亦世讲之。前辈专以此为务,今人知之者盖少矣。又如旧举将^⑤及尝为旧任按察官^⑥者,后己官虽在上,前辈皆辞避坐^⑦下坐^⑧。风俗如此,安得不厚乎?

【注释】

① 今本《童蒙训》无此章文字，可参见吕本中《官箴》。

② 同僚：旧时指同朝或同官署做官的人。

③ 契：相合，相投。

④ 交承：前任官吏卸职移交，后任接替。

⑤ 举将：举主，指推荐者。

⑥ 按察官：巡视考查的官员。

⑦ 避坐：避席，让席，以示敬意。

⑧ 下坐：末座，末席。

【译文】

《童蒙训》说：与自己同署为官而情投意合的人，或与自己前后任交接的人，都有像兄弟一样的情义。甚至子孙后辈，仍然世世相叙这种情义。前辈很讲究这种关系，现今能懂得这种情义的，大概不多了。又如，对于自己的举荐者，以及巡视考察过自己的前辈官员，虽然后来自己的官位比他们高，但与这些前辈在一起，即便他们谦让推辞，自己也要让席，坐在下位。从前都是如此，风俗怎能不淳厚呢？

司马温公①曰：凡为家长，必谨守礼法②，以御③群子弟及家众④。分之以职，授之以事，而责⑤其成功⑥。制财用⑦之节⑧，量⑨入以为出，称⑩家之有无以给。上下之衣食及吉凶⑪之费皆有品节⑫，而莫不均一。裁省冗费⑬，禁止奢华，常须稍存赢余，以备不虞⑭。

【注释】

① 本章出自《司马氏书仪·居家杂仪》。

② 礼法：礼制法规。

③ 御：统治，治理，管理。

④ 家众：家中众人，此指家中婢仆。

⑤ 责：督促，要求。

⑥ 成功：做好事情。

⑦ 财用：财物，财富。

⑧ 节：节制。

⑨ 量：衡量，根据。

⑩ 称（chèn）：符合，相当。

⑪ 吉凶：吉事和丧事。

⑫ 品节：按等级、层次加以节制。

⑬ 冗（rǒng）费：不必要的开支。

⑭ 不虞（yú）：意料不到，出乎意料的事。

【译文】

司马温公说：凡是做家长的人，一定要谨慎地遵守礼制和法规，来管理家中的晚辈和婢仆。分派他们各自的职责，让他们承担各自的事务，要求他们把事做好。制定节约财物的办法要根据收入确定支出，要根据家中财物的实际情况来安排。供应家人的衣食，以及吉事和丧事的费用，每项开支都有等级，但都要公平。减少不必要的开支，禁止奢华的生活，平常还要稍有剩余，用来防备意料不到的事。

广敬身

董仲舒①曰：仁人者，正其谊②不谋其利③，明其道④不计其功⑤。

【注释】

① 本章出自《汉书·董仲舒传》。董仲舒：西汉广川（今河北枣强）人，

提出天人感应、三纲五常等重要儒家理论，著有《春秋繁露》。

②谊：通"义"，道义。

③利：私利。

④明其道：明白仁道。

⑤功：功效。

【译文】

董仲舒说：仁人，就是能端正自身，符合道义，做事不图谋个人的私利，就是能明白并且践行仁道，不计较是否有功效。

孙思邈^①曰：胆欲大而心欲小，智欲圆^②而行欲方^③。

【注释】

①本章出自《旧唐书·孙思邈传》。孙思邈（miǎo）：唐代华原人，我国著名医学家。

②圆：圆通。

③方：方正。

【译文】

孙思邈说：胆子要大敢于勇往直前，但内心要谨慎敬畏；智慧要圆通周密，但行为要方正守节。

伊川先生^①言：人有三不幸：少年登^②高科^③，一不幸；席^④父兄之势为美官^⑤，二不幸；有高才^⑥，能文章，三不幸也。

【注释】

① 本章出自《二程集·河南程氏外书·传闻杂记》。

② 登：指科举考试中选。

③ 高科：科举高第。

④ 席：凭借，倚仗。

⑤ 美官：位高禄厚之官。

⑥ 高才：才智过人。

【译文】

伊川先生说，人有三件不值得庆幸的事：年纪很轻就考中科举，是第一件不值得庆幸的事；依靠父兄的势力得到高官厚禄，是第二件不值得庆幸的事；才智过人，擅长文章，是第三件不值得庆幸的事。

横渠先生①曰：学者舍②礼义，则饱食终日无所猷为③，与下民④一致，所事不逾⑤衣食之间，燕游⑥之乐耳⑦。

【注释】

① 本章出自《张载集·正蒙·中正篇》。

② 舍：放弃，舍弃。

③ 猷（yóu）为：作为。猷，谋划。

④ 下民：不学习的下等人。

⑤ 不逾：不过，不超过，不越过。

⑥ 燕游：宴饮游乐。

⑦ 耳：而已，罢了。

【译文】

横渠先生说：求学之人如果舍弃了礼义，那就成了饱食终日无所作为的人了，与不求问学的下等人走同样的路，他所做的事，不过就是谋求衣食，追求宴饮游乐而已。

"恩仇分明"^①，此四字非有道者^②之言也。"无好人"三字，非有德者之言也。后生^③戒之。

【注释】

① 本章出自吕祖谦的《少仪外传》卷上所引《酬酢事变》。

② 有道者：有道德而又通达道理的人。

③ 后生：年轻人，后辈。

【译文】

"恩仇分明"，这四个字不是有道德通事理的人所该说的。"无好人"这三个字，不是有道德修养的人所应说的。年轻人应当引以为戒。

胡文定公^①曰：人须是一切世味^②淡薄方好，不要有富贵相。孟子谓"堂高数仞^③，食前方丈^④，侍妾数百人，我得志^⑤不为"。学者须先除去此等，常自激昂^⑥，便不到得^⑦坠堕^⑧。常爱诸葛孔明^⑨当汉末躬耕^⑩南阳，不求闻达^⑪，后来虽应刘先主^⑫之聘^⑬，宰割^⑭山河，三分天下，身都^⑮将相，手握重兵^⑯，亦何求不得，何欲不遂^⑰？乃与后主^⑱言："成都有桑八百株，薄田^⑲十五顷，子孙衣食自有余饶^⑳。臣身在外，别无调度^㉑，不别治生^㉒，以长^㉓尺寸。若死之日，不使廪有余粟^㉔、库有余财，以负^㉕陛下。"及卒^㉖，果如其言。如此辈人，真可谓大丈夫^㉗矣。

【注释】

① 本章出自《少仪外传》卷下所引《胡氏传家录》。胡文定公:胡安国,字康侯,南宋福建崇安人,学者称武夷先生,谥文定,后世称胡文定公。

② 世味:人世滋味和社会人情。

③ 仞(rèn):古代长度单位,周制八尺为一仞,汉制七尺为一仞。

④ 食前方丈:美味佳肴列于面前有一丈见方,极言肴馔丰富。

⑤ 得志:实现志愿。

⑥ 激昂:振奋激励。

⑦ 到得:到了。

⑧ 坠堕:堕落。

⑨ 诸葛孔明:诸葛亮,字孔明,三国时任蜀汉丞相,谥忠武侯。

⑩ 躬耕:亲自耕种。

⑪ 闻达:显达,有名望。

⑫ 刘先主:刘备,字玄德,三国时蜀汉的皇帝。

⑬ 聘:礼聘,聘召。

⑭ 宰割:支配,分割。

⑮ 都:居。

⑯ 重兵:力量雄厚的军队。

⑰ 遂:满足,如意。

⑱ 后主:刘禅,字公嗣,刘备之子,三国时蜀汉的第二位皇帝。

⑲ 薄田:贫瘠的田地。

⑳ 余饶:富余,多余。

㉑ 调度:安排,调遣。

㉒ 治生:经营家业,营谋生计。

㉓ 长(zhǎng):增长,扩大。

㉔ 廪(lǐn)有余粟(sù):粮仓中有余粮。

㉕负：辜负。

㉖卒：死亡，去世。

㉗大丈夫：有志气、有节操、有作为的男子。

【译文】

胡文定公说：人必须对人世间的一切滋味看淡了才好，不要热衷于富贵。孟子所说的"殿堂几丈高，面前摆满美味佳肴，妻妾几百人，我若能实现自己的愿望，有了尊贵的地位，根本不这么干"。初学的人要先除掉这些富贵的愿望，常常激励自己奋发向上，才不会堕落。我很喜欢诸葛孔明，他汉末时在南阳亲自耕作，不追求显达。后来接受了刘备的礼聘，主宰山河，三分天下，身为将相，手握重兵，此时，什么东西他会得不到？什么欲望他不能满足？但他却对后主说："我在成都种有桑树八百株，贫瘠的田地有十五顷，我家子孙的衣食自给有余。我外面没有别的安排，不另外添置产业，不让产业有一尺一寸的增加。我死的时候，不会让家中的粮仓有余粮，不会让仓库有余财，从而不辜负陛下的期望。"等到他去世，果然像他所说的那样。像诸葛孔明这种人，真正称得上是大丈夫。

吕舍人①曰：大抵后生为学②，先须理会所以为学者何事。一行一住，一语一默③，须要尽合道理。学业则须是严立课程④，不可一日放慢。每日须读一般经书，一般子书⑤，不须多，只要令精熟。须静室危坐⑥，读取⑦二三百遍，字字句句，须要分明。又每日须连前三五授⑧，通读五七十遍，须令成诵⑨，不可一字放过也。史书每日须读取一卷，或半卷已上，始见功。须是从人⑩授读⑪，疑难处便质问⑫，求古圣贤用心⑬，竭力从之⑭。夫指引者，师之功⑮也。行有不至，从容⑯规戒⑰者，朋友之任⑱也。决意⑲而往，则须用己力，难仰⑳他人矣。

【注释】

① 本章出自《少仪外传》卷上所引《舍人杂说》。吕舍人：吕本中，字居仁，宋寿州人，官至中书舍人，世称东莱先生。

② 为学：治学，做学问。

③ 一语一默：说话或沉默。

④ 严立课程：严格规定学习的进程。

⑤ 子书：诸子百家之书。

⑥ 危坐：正身而坐，表示严肃恭敬。

⑦ 读取：读得，读着。取是助词，没有实际意义。

⑧ 前三五授：之前三五次所传授的内容。

⑨ 成诵：读书熟至能背诵。

⑩ 从人：跟随师长。

⑪ 授读：承受学业，教读。

⑫ 质问：询问，提出疑问。

⑬ 用心：存心，想法。

⑭ 从之：跟从圣贤，向圣贤学习。之，指代圣贤。

⑮ 功：事，职责。

⑯ 从容：舒缓，不迫切。

⑰ 规戒：规劝告诫。

⑱ 任：责任。

⑲ 决意：下定决心，拿定主意。

⑳ 仰：依赖，凭借，依靠，仰仗。

【译文】

吕舍人说：总的来说，年轻人要做学问，先要明白自己做学问的目的是什么。要让自己的行为与止息，说话与沉默，都能完全符合道理。至于学习时的课业，要严格规定进程，不可一天放宽。每天要读同样一种经书，同样一种子书，不必贪多，只要读得精读得熟。要在安静的屋子里，严肃恭敬地正身而坐，读上二三百遍，字字句句，要读得明确清楚。另外，每天还要把老师之前所传授的三五次的内容，从头到尾地读五十或七十遍，要让自己精熟到能够背诵，不能放过一个不明白的字。读史书，每天必须读上一卷或半卷以上，才能收到功效。必须跟着师长，让师长教读，自己有疑难的地方就要询问师长，探求古代圣贤的用意，自己要努力跟着圣贤学习。指导引领学生，是老师的职责。行为有不够规范的地方，和颜悦色地规劝告诫，是朋友的责任。下定决心勇往直前，就要靠自己努力了，依赖别人是难以成功的。

《吕氏童蒙训》^①曰：今日记一事，明日记一事，久则自然贯穿^②。今日辨一理，明日辨一理，久则自然浃洽^③。今日行一难事，明日行一难事，久则自然坚固。涣然冰释^④，怡然^⑤理顺^⑥，久自得之，非偶然也。

【注释】

① 本章出自吕本中《紫微杂说》，又见刘清之《戒子通录》卷六所引《童蒙训》。

② 贯穿：融合贯通。

③ 浃（jiā）洽（qià）：贯通。

④ 涣然冰释：像冰冻遇热似的一下子融化，比喻疑难很快消除。

⑤ 怡然：喜悦的样子。

⑥ 理顺：道理顺当且正确。

【译文】

吕氏《童蒙训》说：今天记一件事，明天记一件事，时间积久了自然会明白事理。今日辨别一个理，明天辨别一个理，时间久了自然就会融会贯通。今天做一件难事，明天做一件难事，时间久了自然就意志坚定。心里的疑难最终消除，领悟到正确的道理而内心喜悦，都是靠长久坚持，自然有收获，而不是偶尔做做就可以达到的。

前辈尝说^①，后生才性^②过人^③者不足畏，惟读书寻思推究^④者为可畏耳。又云，读书只怕寻思，盖义理精深，惟寻思用意，为可以得之。卤莽^⑤厌烦者，决无有成^⑥之理。

【注释】

① 本章出自吕本中《紫微杂说》，又参见刘清之《戒子通录》卷六所引《童蒙训》。

② 才性：才能禀赋。

③ 过人：比别人强，超越一般人。

④ 推究：推求研究。

⑤ 卤莽：即"鲁莽"，意为轻率，粗疏。

⑥ 有成：成功，有成就。

【译文】

前辈曾经说：禀赋超群的年轻人并不值得敬畏，只有读书肯思考肯推求的年轻人才值得敬畏。又说，读书只怕思考，因为义理精深，只有深入思考，才能体认到作者的用意。心思粗疏而又不耐烦的年轻人，绝不会有成功的道理。

善　行

实立教

唐阳城^①为国子司业^②，引^③诸生^④告之曰："凡学者，所以学为忠与孝也。诸生有久不省亲^⑤者乎？"明日，谒^⑥城还养^⑦者二十辈^⑧。有三年不归侍^⑨者，斥^⑩之。

【注释】

① 本章出自《新唐书·卓行传·阳城》。阳城：字亢宗，唐定州北平人。

② 国子司业：官名，为国子监的副长官，掌儒学训导之政。

③ 引：召集。

④ 诸生：众儒生，众学生。

⑤ 省（xǐng）亲：探望父母或其他尊亲。

⑥ 谒（yè）：禀告，拜见。

⑦ 还养：回家奉养父母。

⑧ 辈：人。

⑨ 侍：伺候，陪伴。

⑩ 斥：驱逐，除名。

【译文】

唐代的阳城担任国子司业，召集学生，告诉他们说："凡是求学的人，目的就是为了懂得忠和孝。你们当中有长期没有回去探望父母的人吗？"第二天，就有二十位学生向阳城禀告要回家侍奉父母。个别长达三年都不回家奉养父母的学生，阳城就把他除名了。

实明伦

司马温公^①与其兄伯康^②友爱尤笃^③，伯康年将八十，公奉之如严父，保④之如婴儿。每食少顷⑤，则问曰："得无⑥饥乎？"天少冷⑦，则抚⑧其背曰："衣得无薄乎？"

【注释】

① 本章出自范祖禹《范太史集·和乐园记》。 司马温公：司马光，拜尚书左仆射兼门下侍郎，卒，赠太师、温国公。

② 伯康：司马旦，字伯康，司马光之兄，为人清直敏强，即使是小事也一定审慎思考，思考不到位就不放弃。

③ 笃（dǔ）：忠实，专一。

④ 保：保护，保养。

⑤ 少顷（qǐng）：一会儿，片刻。

⑥ 得无：莫非，是不是。

⑦ 少冷：稍稍寒冷。

⑧ 抚：抚摸，拍着。

【译文】

司马温公和他的哥哥伯康特别友爱，伯康将近八十岁，温公像侍奉父亲一样侍奉他，像保护婴儿一样保护他。每次吃了饭，过了一会儿，温公就问伯康："是不是饿了？"天气稍微寒冷，温公就抚摸着伯康的后背，问："衣服是不是太薄了？"

包孝肃公①尹京②时，民有自言："以白金③百两寄我者死矣，予④其子，不肯受，愿⑤召其子予之。"尹召其子，辞曰："亡父未尝以白金委⑥人也。"两人相让久之。吕荣公⑦闻之曰："世人喜言'无好人'三字者，可谓自贼⑧者矣。古人言人皆可以为尧舜⑨，盖观于此而知已。"

【注释】

① 本章出自《童蒙训》卷上。包孝肃公：包拯，字希仁，北宋庐州人，以清廉公正闻名于世，曾任天章阁待制，人称包待制，后进龙图阁直学士，人称包龙图，卒谥孝肃。

② 尹京：任京尹，即北宋京师开封府长官。

③ 白金：指银子。

④ 予：给予。

⑤ 愿：希望。

⑥ 委：委托，寄托。

⑦ 吕荣公：吕希哲，学者称荣阳先生。

⑧ 自贼：自我戕害。贼，伤害。

⑨ 人皆可以为尧舜：出自《孟子·告子下》，意思是人人都具有成为尧舜那种圣人的潜在品质。

【译文】

包拯担任京师府尹时，有位百姓到官府自称："有一个人曾经把百两银子寄存在我这里，现在这人去世了，我把百两银子还给他的儿子，他的儿子不肯接受，希望府尹能召来他的儿子，把百两银子还给他。"包公就召来了死者的儿子，儿子推辞说："我去世的父亲并没有把银子委托给别人。"两人相互推让了很久。吕希哲听说后，说："世上喜欢说'没好人'这三个字的人，可以说是自我戕害。古人说人人都可以像尧舜一样具有高尚的品德，从这件事来看，可知古人说得对啊。"

陶渊明①为彭泽令②，不以家累③自随。送一力④给其子，书曰："汝旦夕之费⑤，自给⑥为难。今遣此力，助汝薪水⑦之劳。此亦人子⑧也，可善遇⑨之。"

【注释】

① 本章出自《南史·隐逸·陶潜传》。陶渊明：一名潜，字元亮，东晋浔阳柴桑人，为州祭酒，复为彭泽令，弃官归，是著名的文学家。

② 彭泽令：彭泽县令。彭泽，今江西省九江市彭泽县。

③ 家累：家属，家眷。

④ 力：奴仆，仆役。

⑤ 旦夕之费：一天的费用。

⑥ 自给（jǐ）：自己生产供养自己。

⑦ 薪水：打柴汲水，泛指日常生活劳作。

⑧ 人子：别人的儿子。

⑨ 善遇：善加礼遇，好好地对待。

【译文】

陶渊明担任彭泽县县令，不把家属带在身边。他送了一位仆役给儿子，写信说："你一天的费用，仅靠自己生产，是很难供养自己的。现在送去这位仆役，可以帮你进行日常劳动。他也是人家的儿子，你要好好对待他。"

实敬身

刘宽①虽居②仓卒③，未尝疾言遽色④。夫人欲试宽令恚⑤，伺⑥当朝会⑦，装严⑧已讫，使侍婢奉肉羹⑨，翻污朝服⑩，婢遽收之，宽神色不异，乃徐言⑪曰："羹烂汝手乎？"其性度⑫如此。

【注释】

① 本章出自《后汉书·刘宽传》。刘宽：字文饶，东汉弘农华阴人，任南阳太守，历典三郡，温仁多恕。

②居：处于。

③仓卒（cù）：同"仓促"，匆忙，急迫。

④疾言遽（jù）色：语言粗暴、神色急躁。疾，快速。遽，急忙。

⑤恚（huì）：愤恨，发怒。

⑥伺（sì）：等待，等候。

⑦朝会：朝见天子。

⑧装严：指装束整齐。

⑨肉羹：肉做成的浓汤。

⑩朝服：上朝穿的官服。

⑪徐言：缓缓地说。

⑫性度：性情度量。

【译文】

刘宽即使处在匆忙之中，也不曾语言粗暴、神色急躁。他的夫人想试试他，让他发怒，等到刘宽要上朝的时候，朝服已经穿着整齐，夫人叫婢女捧着肉汤，故意打翻，弄脏了他的朝服，婢女急忙收拾肉汤，刘宽的神色一点不变，慢慢地对婢女说："肉汤把你的手烫烂了吗？"刘宽的性情气度就是如此宽大。

王文正公①发解②、南省③、廷试④皆为首冠⑤，或戏⑥之曰："状元试三场，一生吃著⑦不尽。"公正色⑧曰："曾⑨平生之志，不在温饱。"

【注释】

①本章出自《东轩笔录》卷十四。王文正公：王曾，字孝先，宋代青州益都人，宗真宗咸平五年壬寅科状元，后拜右仆射兼门下侍郎、平章事，封沂国公，谥文正。

②发解（jiè）：唐宋时，应贡举合格者，由所在州郡发遣解送至京城，参与礼部会试，称为发解。

③南省：唐代中书、门下、尚书三省均在大内之南，而尚书省更在中书、门下二省之南，故称尚书省为南省，此处指由隶属尚书省的礼部举行的会试。

④廷试：会试考中后，由皇帝亲自策问，在殿廷上举行的考试，通常称为殿试。

⑤首冠（guān）：第一。

⑥戏：开玩笑，打趣。

⑦吃著（zhuó）：吃和穿。著，通"着"，穿。

⑧正色：神色庄重，态度严肃。

⑨曾：王曾的自称。

【译文】

王曾在州郡、会试、殿试中，都考了第一，有人对他开玩笑说："状元考了三场试，这一辈子吃不完穿不完了。"王曾严肃地回答："我生平的志向，不在于吃得饱穿得暖。"

范文正公①少有大节②，其于富贵贫贱、毁誉③欢戚④，不一动其心⑤，而慨然⑥有志于天下。尝自诵⑦曰："士当先天下⑧之忧而忧，后天下⑨之乐而乐也。"其事上⑩遇人⑪，一以自信⑫，不择利害为趋舍⑬。其有所为，必尽其方⑭。曰："为之自我者，当如是⑮。其成与否，有不在我者，虽圣贤不能必⑯，吾岂苟⑰哉！"

【注释】

①本章出自《欧阳修诗文集·资政殿学士户部侍郎文正范公神道碑

铭并序》。范文正公：范仲淹，字希文，北宋苏州吴县人，宋仁宗时为参知政事，谥文正。

② 大节：高远宏大的志节。

③ 毁誉：诋毁和赞誉。

④ 欢戚：欢乐与忧愁。戚，忧愁，悲哀。

⑤ 动其心：使他思想感情产生波动。

⑥ 慨（kǎi）然：感情激昂的样子。

⑦ 诵：述说。

⑧ 先天下：在天下之前。

⑨ 后天下：在天下之后。

⑩ 事上：侍奉皇帝。

⑪ 遇人：对待别人。

⑫ 一以自信：完全按照自己认为该遵守的正道去做。

⑬ 趋舍：取舍。

⑭ 必尽其方：尽自己的能力践行正道。

⑮ 当如是：就应该这样。

⑯ 必：一定，必定。

⑰ 苟：侥幸，苟且。

【译文】

　　范文正公从小就有高远宏大的志节，富贵与贫贱、诋毁与赞誉、欢乐与忧愁，都不能牵动他的情感，他慷慨激昂，立志安定天下。他曾经说："读书人应当在天下之人担忧之前先担忧，在天下之人享乐之后再享乐。"范文正公侍奉皇帝，对待别人，完全按照他认为应遵守的正道去做，并不根据利与害的标准来取舍。当他决定做事时，就一定按照正道努力去做，他说："从我的角度来说，就应该遵循正道去做。至于能否成功，有的方面我也无法决定，即使是圣贤都不能保证必定成功，我只能保证自己不图侥幸，不肯苟且罢了。"

司马温公^①尝言：吾无过人^②者，但^③平生所为，未尝有不可对人言者耳。

【注释】

① 本章出自《三朝名臣言行录·温国文正公》。

② 过人：超过别人，比别人强。

③ 但：只是。

【译文】

司马温公曾经说：我并没有比别人强的地方，如果有，就是这辈子的所作所为，没有不可以对别人说的罢了。

徐积仲车^①初从安定胡先生^②学，潜心力行^③，不复仕进。其学以至诚为本，事母至孝。自言："初见安定先生，退，头容少偏。安定忽厉声^④云：'头容直^⑤！'某^⑥因自思，不独头容直，心亦要直也。自此不敢有邪心^⑦。"卒^⑧谥^⑨节孝先生。

【注释】

① 本章出自《童蒙训》卷上。徐积仲车：徐积，字仲车，北宋楚州山阳人，治平四年进士，以耳聋不能仕，元祐初官扬州司户参军、楚州教授，事母至孝，赐谥节孝处士。

② 安定胡先生：胡瑗，字翼之，祖籍安定，世称安定先生。

③ 潜心力行：专心学习，努力践行。

④厉声：高声，严厉的声音。

⑤头容直：头的姿势要端正而不倾斜。

⑥某：自称，用以代替自己的名字。

⑦邪心：不正当的念头。

⑧卒：古代指大夫死亡，后为死亡的通称。

⑨谥（shì）：古代皇帝、贵族、大臣、杰出官员或其他有地位的人死后所加的带有褒贬意义的称号。

【译文】

徐积起初跟从安定胡先生学习，专心致志，身体力行，不再想着做官。他的学问以内心至诚为根本，侍奉母亲极为孝顺。他说："初次拜见安定先生，退下时，头的姿势有些歪了。安定先生大声说道：'头的姿势要端正！'我于是想，不仅头的姿势要端正，内心也要正直。从此，就不敢有不正当的念头。"他去世后，被谥为节孝先生。

汪信民①尝言："人常咬得菜根，则百事可做。"胡康侯②闻之，击节叹赏③。

【注释】

①本章出自吕本中《师友杂志》。汪信民：汪革，字信民，北宋临川人，绍圣四年礼部会试第一，为长沙教授，后任宿州教授，蔡京当政，召为宗正博士，汪力辞不就，卒于楚州教官任上。

②胡康侯：胡安国，字康侯，福建崇安人，学者称武夷先生。卒，朝廷破格谥文定，后世称文定公。

③击节叹赏：打着拍子称赞。击节，打节拍；一说击手指节。

【译文】

汪信民曾经说："人能够做到常常吃菜根，那他什么事情都能做。"胡安国听了这句话，拍手称赞。

第七章 《朱子读书法》

朱熹曰："盖为学之道，莫先于穷理，穷理之要必在于读书，读书之法莫贵于循序而致精，而致精之本则又在于居敬而持志。"（《晦庵先生朱文公文集》卷十四《行宫便殿奏札二》）朱熹不仅对皇帝上书强调读书，而且教育弟子时再三强调要读书，在弟子记录的《朱子语类》中有《总论为学之方》和《读书法》。他的弟子辅广进一步将老师的说法整理编集为《朱子读书法》，在此基础上产生了张洪、齐熙《朱子读书法》，以及元代程端礼的《读书分年日程》，流传至今。对朱子学体系而言，读书不仅是朱熹的为学方法、教学方法，也是他的修养方法，还是他建构体系的重要根据，除此之外，强调读书的重要性和方法对朱子学派的成长、壮大进而成为官学都起到至关重要的作用。现代学者钱穆、余英时都很看重《朱子读书法》，钱穆先生说："朱子教人读书法，其实人人尽能，真是平易，而其陈义之深美，却可使人终身研玩不尽，即做人道理亦然，最美好处，亦总在最平易处。"[1] 由此可见读书法至今仍有其普遍性、有效性。余英时认为朱熹的读书法与现代西方解释学的很多诠释观点有相近之处。人教版五年级语文课本也节选了部分读书法的内容，可见《朱子读书法》至今仍有现实意义。

《朱子读书法》在《朱子全书》第二十六册《遗集》卷四，朱熹写于

---

[1] 转引自张洪、齐熙编，李孝国、董立平译注：《朱子读书法》，天津社会科学院出版社2016年版，《前言》第2页。

绍熙五年（1194），关于读书法六条的次序有两种说法，《朱子全书》是以居敬持志为首，但程端礼在《读书分年日程》中则以循序渐进为首，居敬持志为末，《朱子全书》有编者按："程端礼原六条读书法次序为：一循序渐进，二熟读精思，三虚心涵泳，四切己体察，五着紧用力，六居敬持志。然程氏此读书法原本之朱熹弟子辅广汉卿，《读书分年日程》卷首列辅广所编《朱子读书法》次序，正作一居敬持志，二循序渐进，三熟读精思，四虚心涵泳，五切己体察，六着紧用力。参以朱熹一向主张以主敬为本等，则辅广所定更合朱熹思想。"[1] 据此，本章以《朱子全书》的文本为准，分六节进行译注。

第一节　居敬持志

【导读】

朱熹理学工夫论的核心是"涵养须用敬，进学则在致知"。读书是致知的重要方法和手段，但这个过程要以居敬为前提和保障，朱熹要求为学之初要有大的志向，为学、读书过程中都要居敬持志，只有专心致志、严肃认真地保持这个志向，才能做到其他五条。

朱子曰：程先生云"涵养须用敬，进学则在致知"。此最精要[1]。方无事时，敬以自持，心不可放入无何有之乡[2]，须是收敛在此。及应事时，敬乎应事；读书时，敬乎读书，便自然该贯[3]动静，心无不在。今学者说书，多是捻合[4]来说，却不详密活熟[5]。此病不是说书上病，

---

① 朱杰人等主编：《朱子全书》（第 26 册），上海古籍出版社、安徽教育出版社 2002 年版，第 735 页。

乃是心上病。盖心不专静纯一，故思虑不精明。须要养得虚明专精，使道理从里面流出，方好。

【注释】

① 精要：精辟、重要。

② 无何有之乡：原指空无所有的地方，此借指空洞而虚幻的境界。出自《庄子·逍遥游》："今子有大树，患其无用，何不树之于无何有之乡，广莫之野。"

③ 该贯：贯通。

④ 捻（niǎn）合：结合，凑合。

⑤ 详密活熟：详尽细密、灵活熟练。

【译文】

朱熹说：程颐先生说"涵养性情一定要做到敬，学业进步的目的在于对道理完善的理解"。这段话最为精辟。没事的时候，恭敬地坚持操守，心思不要茫然进入空洞虚幻的境界，一定要收敛。等到应对事情的时候，要恭敬地应对；读书的时候，恭敬地读书，这样做自然能够贯通动和静，心无时无刻不在身内。现在学者讲解书里的内容，经常是胡乱凑在一起说，完全做不到详尽周密，活络熟练。这个毛病不是讲解书里内容的毛病，而是心上有毛病。因为心做不到单纯专一不浮躁，所以思考问题做不到精细明察。一定要涵养心性，做到虚心专注不浮躁，让道理自然而然从书中流淌出来最好。

第二节 循序渐进

【导读】

与其他学派相比，朱熹最强调为学次序，主张循序渐进，先易后难，这是他一贯的观点，也是他批评其他学派的重要方面。著名的鹅湖之会辩论的焦点就是为学要不要读书。对朱熹来说，先后次序对儿童教育、家庭蒙学教育很重要，如果开始就教授高难度的内容，就会因完不成任务而降低积极性，学到的内容也不会扎实，如果太简单又容易让求学之人失去兴趣和方向。朱熹的这种教育理念是适合大多数人的学习方式，具有普遍意义。

朱子曰：以二书言之，则通一书而后及一书；以一书言之，篇章句字，首尾次第，亦各有序而不可乱，量力所至而谨守之，字求其训①，句索其旨②，未得乎前，则不敢求乎后，未通乎此，不敢志乎彼。如是，则定理明，而无疏易③陵躐④之患矣。若奔程趁限⑤，一向趱⑥着了，则看犹不看也。近方觉此病痛，不是小事。元来⑦道学⑧不明，不是上面⑨欠工夫，乃是下面⑩无根脚。

【注释】

① 训：训诂，指对经书中字、句的解释。

② 旨：主旨大意。相对于训诂来说，更侧重对句子、段落整体意义的把握。

③ 疏易：粗率，轻率。

④ 陵躐（liè）：超出正常顺序。

⑤ 奔程趁限：着急完成任务。

⑥ 趱（zǎn）：加快，加紧。

⑦ 元来：原来。

⑧ 道学：宋代理学家自称道学，即求道之学，以区别于训诂之学、科举之学等。

⑨ 上面：指高妙的理论层面。

⑩ 下面：指读书为主的实践方面。

【译文】

朱子说：如果要读两本书，读通前一本之后再去读后一本；拿其中一本书来说，它的篇章语句，首尾顺序各有先后，是不可以乱的，根据自己的能力来确定阅读的进度，设计具体的课程然后认真遵守，每个字都要清楚是什么意思，每句话都要明白它的主旨，没弄清楚前面的内容就不要贸然去读后面的，这个还没懂就不要随便去涉猎别的。如果能遵照这个方法，就能做到志向坚定，道理明晰，就不会有粗心大意、不按次序的问题。如果读书一味赶进度，一直紧追着看，那样虽然看完了，但和没看一样。最近才觉得这个毛病不是小事。原来理学不能昌明，不是对理论体系的理解方面用功少，其实是读书等基础功夫不扎实。

第三节　熟读精思

【导读】

熟读精思是儒家自古以来的看法，先秦荀子也是这样要求的，张载、朱熹都很赞同这种方法，甚至陆九渊对此也没异议，陆九渊同样要求学生熟读精思。朱熹的要求更加具体可行，认为读书要记录遍数。古代蒙学教育的各种私塾也都普遍实行这种课程化的方式，如果没有做到"精思"，难免走向死记硬背的填鸭式教学，但如果读书和思考能够结合，做到熟读而精思，这种读书方式仍不失为最基础的有效方法。

朱子曰：荀子说"诵数以贯之"，见得古人诵书亦记遍数。乃知横渠教人读书必须成诵，真道学第一义。遍数已足，而未成诵，必欲成诵；遍数未足，虽已成诵，必满遍数。但百遍时，自是强五十遍；二百遍时，自是强一百遍。今人所以记不得，说不去，心下若存若亡①，皆是不精不熟，所以不如古人。学者观书，读得正文，记得注解，成诵精熟，注中训释②文意，事物名件，发明相穿纽处③，一一认得，如自己做出底一般，方能玩味反复，向上有通透处。

【注释】

① 若存若亡：好像有又好像没有，好像会又好像不会。

② 训释：训诂、注释。

③ 相穿纽处：枢纽，关键。

【译文】

朱子说：荀子说"多次反复诵读，将所读内容贯通起来"，可见古人读书的时候也记遍数。因此我才体会到，张载先生教人读书一定要背诵，真的是读书求道第一重要的事。读的遍数已经够了，却没有背下来，一定要读到可以背下来为止；遍数没有达到规定的要求，即使已经背下来了，也一定要读满规定的遍数。读了一百遍的时候，一定比读五十遍强；读两百遍的时候，肯定比读了一百遍强。现在的学者之所以记不住，讲不出来，心里若有若无，都是因为不够精湛纯熟造成的，所以不如古人学得好。学者看书，应该首先读熟正文，记住注解，并且要背得滚瓜烂熟，注释中解释文意，事物名目，阐明贯穿经文大意关键之处的内容，要一一辨认清楚，就像是自己写出来的一样，这样才能够反复玩味，与更深层次的义理贯通起来。

第四节　虚心涵泳

【导读】

涵泳是对熟读精思之后的进一步理解、体悟，要求读者将文字上的意义、道理转化成个人的知识，这里更体现出读书法也是个人修养方式的特点。通过涵泳，读者可以从"读万卷书"体悟出"行万里路"的效果。

朱子曰：庄子说"吾与之虚而委蛇[①]"，既虚了，又要随他曲折去。读书须虚心方得。圣贤说一字是一字，自家只平着心去秤停[②]他，都使不得一毫杜撰[③]。今人读书，多是心下先有个意思，却将圣贤意思来凑，有不合，便穿凿[④]之使合，如何能见得圣贤本意！

【注释】

① 虚而委蛇：语出《庄子·应帝王》，指对人虚情假意，敷衍应付。委蛇，随顺之貌。

② 秤停：衡量斟酌。

③ 杜撰：没有根据地编造，虚构。

④ 穿凿：附会。

【译文】

朱子说：庄子讲"我对他只是虚言应付"，既然是虚言，就随他曲意顺承去吧。大概读书一定要不自满才能有心得。圣贤说是这个字就是这个字，自己只是平心静气地衡量斟酌它，万万不能有一丝一毫的编造，现在的人读书大多是心里已经有了先入为主的看法，然后拿圣贤的话生拉硬扯去往自己的看法上靠，其中一旦有不相合的地方，就穿凿附会，强行把圣贤的话和自己的想法达成一致，这样如何看出圣贤的本来意思？

第五节 切己体察

【导读】

切己体察较虚心涵泳更进一步，涵泳更多的是对文字中的普遍道理进行体悟，体会书中道理对不对，切己体察需要结合自己的生命、生活经验，去"体察"经典所说的道理，去反省自己有没有达到书中的要求。比如读"学而时习之"，要反省自己是否做到了，哪里做得还不够等等，如此一来，文字就变成自己生活的指导，而不仅仅是用来考试、谋生的工具。

> 朱子曰：入道之门，是将自身入那道理中去，渐渐相亲，与己为一。而今人道在这里，自家在外，元①不相干。学者读书，须要将圣贤言语体之于身②。如"克己复礼"③，如"出门如见大宾"④等事，须就自家身上体覆，我实能克己复礼、主静行恕⑤否？件件如此，方有益。

【注释】

① 元：原来，本来。

② 体之于身：在自己身上体验、体悟。

③ 克己复礼：语出《论语·颜渊》，朱熹在《论语集注》中解释为：

克制自己的私欲，恢复到合乎礼仪的行为。

④ 出门如见大宾：语出《论语·颜渊》，朱熹在《论语集注》中解释为出门好像见到尊贵的客人一样，要保持敬重的态度。

⑤ 主静行恕：应是"主敬行恕"，《论语集注》云："敬以持己，恕以及物，则私意无所容而心德全矣。""主敬行恕"指日常修养要秉持敬畏、专一的心态和精神，日常待人接物要奉行恕道。

【译文】

求道的门路是将自己的身心浸入书中的道理中，渐渐亲近，直到与自己合二为一。现在学者学习了一套道理，自家日常行为却在道理外面，二者不能融合。比如"克己复礼"，比如"出门如见大宾"，需要结合自己的行为来反思，我自己能不能做到克制自己的私欲，使自己的言行符合礼的要求，能不能做到以敬畏之心对待万事万物，怀着宽恕之心要求别人？圣贤的每一段话都这样去做，才能真正有益。

第六节　著紧用力

【导读】

朱熹读书要求循序渐进，循序渐进并不意味着总在自己的舒适圈中快乐读书，而是要求读者时时保持紧迫感。虽然有进度，有计划，可以按部就班，但是在一定进度之内要有高标准、严要求的精神，要有一种追求卓越的发愤精神。

朱子曰：宽着期限，紧着课程，为学要刚毅果决，悠悠不济事。且如发愤忘食，乐以忘忧，是甚么精神，甚么筋骨！今之学者，全不曾发愤。直要抖擞精神，如救火治病然，如撑上水船^①，一篙不可放缓。

【注释】

① 上水船：船逆流向上游行进。

【译文】

朱子说：期限要宽松，课程要安排紧凑，做学问要做到刚毅果决，整天一副悠闲自在的样子无济于事。而且如果能发愤苦读，废寝忘食，高兴得忘了伤心事，这是什么精神，什么意志力！现在的求学之人都做不到发愤苦读。一定要抖擞精神，就好比救火、治病一样有紧迫感，又像逆水行舟，每一篙都不能放松。

参考文献

朱杰人等主编：《朱子全书》，上海古籍出版社、安徽教育出版社2002年版。

熊节集编，熊刚大集解，程水龙、曹洁校点：《性理群书句解》，华东师范大学出版社2018年版。

陈宏谋：《五种遗规》，线装书局2015年版。

陈荣捷：《朱子新探索》，华东师范大学出版社2007年版。

束景南：《朱子大传》，商务印书馆2003年版。

束景南：《朱熹年谱长编》，华东师范大学出版社2001年版。

侯外庐、邱汉生、张岂之主编：《宋明理学史》，人民出版社1997年版。

莫砺锋：《朱熹文学研究》，南京大学出版社2000年版。

周振甫：《文心雕龙今译》，中华书局2021年版。

李逸安、张立敏译注：《三字经 百家姓 千字文 弟子规 千家诗》，中华书局2011年版。

赵文彤编：《中国历代家风家训大全》，中国华侨出版社2017年版。

赵振：《中国历代家训文献叙录》，齐鲁书社2014年版。

朱熹著，朱杰人编注：《朱子家训》，华东师范大学出版社2014年版。

朱熹编撰，江先忠译注：《朱子〈小学〉读本》，福建教育出版社2015年版。

江先忠译注：《小学》，中华书局2015年版。

张洪、齐熙编，李孝国、董立平译注 :《朱子读书法》，天津社会科学院出版社 2016 年版。

罗小平编著，宋作江绘图 :《童蒙须知》，福建教育出版社 2020 年版。

彭卫民 :《礼法与天理 : 朱熹家礼思想研究》，巴蜀书社 2018 年版。

姚进生主编 :《朱子十讲》，福建教育出版社 2019 年版。